やさしい Java 入門

第 3 版

講義形式でじっくりマスター

池田成樹●著

■ サポートサイトのお知らせ

　本書に関する情報をインターネットのホームページでも公開していますので、ご利用ください。本書のサンプルプログラムもここから入手できますので、下記 URL にアクセスしてください。

　　http://www.daikichi.net/books/lecture_java/

本書で取り上げられているシステム名／製品名は、一般に開発各社の登録商標／商品名です。本書では、™ および ® マークは明記していません。本書に掲載されている団体／商品に対して、その商標権を侵害する意図は一切ありません。本書で紹介している URL や各サイトの内容は変更される場合があります。

本書を手にされた方へ

　皆さんはじめまして。『やさしい Java 入門』へようこそ。
　本書はプログラミングの未経験者を対象にした、講義形式で Java によるプログラミングを学習する本です。
　プログラミングの初学者が最初に触れるプログラミング言語の候補としては、他にも Ruby や Python、C# や Visual BASIC のように多くの言語が実際に存在しています。その中から著者は、Java を最初に学ぶプログラミング言語として勧めています。
　その理由は開発環境の入手のしやすさと、言語としての文法規則が整然としていて学習しやすいのと、かつオブジェクト指向を活用したプログラミングを実践するのにとても適しているからです。さらに習得した後に実際に学校や企業での実践的なプログラミングに活用していくことが容易だからでもあります。もちろん、Java を習得した後に、前に挙げた他の言語を学ぶことも容易となります。決してゼロから再スタートではなくて、応用が利くので学習もスムーズだと思います。
　それから、皆さんに特に申し上げたいことは、「今ほどプログラミングを学習するのに幸せな時代はない」ということです。コンピューターは驚くほど安価になりました。インターネットが普及して情報を得るのも容易になりました。さらに最近では、Java によるプログラミングに必要な開発環境も無料で手に入れることができます。
　著者が本格的にプログラミングの学習に取り組んだのは C 言語というプログラミング言語でしたが、その当時 C 言語の開発環境を手に入れるのは、コンピューター本体を買うのと同じくらいの価格だったので往生した記憶があります。それに比べれば「今は幸せ」と表現するのも納得していただけると思います。
　少し話がそれましたが、講義の方針としてプログラミングを学習する前に、コンピューターの構造の基礎知識とオブジェクト指向の概念について説明します。「さっさとプログラミングについて教えろ！　私はアプリを作りたいんだ！」と思われるかもしれませんが、できるだけ最初の講義からおつきあい願います。
　また皆さんの将来を見越して、プログラミングが初めてという方を対象にしていても、オブジェクト指向を活用した開発で特に仕事で開発を進めていく場合にほぼ必須となる

UMLについても講義で取り上げます。ただし、UMLに関しては一部の説明にとどまっているので、より深くUMLに接してみたい人は、別の書籍などを参照する必要があるでしょう。

　それでは、本書の講義を通じて、Javaに対する興味をより深め、より深い理解が得られることを望んでやみません。皆さんが本講義の内容を体得し、プログラミングの世界に対する認識を広げていかれることを切に願っています。

2訂にあたって

　Javaが正式に世に出て20年が過ぎ、本書も初版から15年の時間が過ぎ、幸いにも好評を得て版を重ねることができました。さらに今回2訂版を上梓できることは著者にとって喜びに堪えません。

　この間にJavaはご承知の通り普及が進み、スタンダードなプログラミング言語として評価が定着しました。多くの教育機関でもJavaによる講義が実施されています。そして、数々の教育機関で本書を教科書として採用くださいましたのをこの場をお借りして御礼申し上げます。著者にとっては大いに励みとなりました。

　とかく最近では簡潔で図やイラストなどでビジュアルにわかりやすく、というのがプログラミングに限らずいわゆる入門書全体の流行のスタイルだと思います。それに対して本書はたぶん文章が多すぎるきらいがあるでしょう。ただ、著者として弁解申し上げたいのは、本書はもともと読者として「本を読むのが好きな人」を想定しております。そういった方が本書を紐解いてJavaを習得される一助となれば、著者としては本望です。

　最後に2訂版の出版を提案してくださった株式会社カットシステムの石塚氏にこの場を借りて御礼申し上げます。

2015年12月
軽井沢　離山の麓にて
池田成樹

サポートサイトのお知らせ ii
本書を手にされた方へ iii

第1部　知っておきたい、コンピュータのことオブジェクト指向のこと……1

第1講　講義ガイダンス —まずはじめに 2
●講義を始める前に／2

第2講　コンピュータの動作の仕組み（1）—まずは動作原理 4
●コンピュータはどうやって動作するのか？／4
●すべてのデータは数値にできる／5

第3講　コンピュータの動作の仕組み（2）—メモリの記憶術 7
●あるかないかがポイント／7　　●最初の関門？　2進数／7
●16進数ならとっても便利／9

第4講　コンピュータの動作の仕組み（3）—まさに司令塔のCPU 12
●CPUこそがコンピュータの中心／12　　●機械語は実はシンプル／13
●高級言語の秘密／13

第5講　オブジェクト指向への招待（1）—オブジェクト指向とは？ 15
●オブジェクト指向は「自然な」考え方／15
●オブジェクト指向の本質／15　　●猫が1匹／16
●下心がないと困ります／17　　●UMLは世界共通／17

第6講　オブジェクト指向への招待（2）—クラス・オブジェクト・インスタンス 19
●クラスとオブジェクト／19　　●インスタンスの登場で三角関係に／19
●クラス作成とUML／20

第7講　オブジェクト指向への招待（3）—クラスとクラスの関係 23
●ふたつのクラスの微妙な関係／23　　●ふたまたかけてもいいですか？／25
●クラスがクラスでできてたら？／26

第8講　オブジェクト指向への招待（4）—ユースケース 28
●行動調査も時には必要／28　　●ユースケース図の書き方／29
●今度はユースケース同士の関係／30

第 9 講　オブジェクト指向 3 原則（1）―カプセル化 33
　●カプセル化とは／33　　　　　　　●クラスだってカプセル化の産物／33
　●操作の詳細とメッセージ送信／34

第 10 講　オブジェクト指向 3 原則（2）―継承 36
　●継承をきちんと理解しよう／36　　●UML で継承を表記する／37
　●可視性／39　　　　　　　　　　　●抽象クラスとはなんぞや？／41

第 11 講　オブジェクト指向 3 原則（3）―ポリモーフィズム 43
　●1 本でもニンジン／43　　　　　　●ポリモーフィズムの目的と効果／44
　●ポリモーフィズムと抽象クラス／46

第 2 部　きちんと Java の基礎を学ぼう……47

第 12 講　Java 言語概論―プロフィールを知っておこう 48
　● Java のあらまし／48
　● Java とコンパイラ、あるいはインタープリタ／49
　● Java はオブジェクト指向の貴公子／50　　● Java プログラミング・予告編／52

第 13 講　Java のダウンロードとインストール ―準備は OK？ 53
　● Windows 8 でのインストール方法／56　　● Mac OS X でのインストール方法／65

第 14 講　変数と型 ―メモリへの窓口 69
　●変数はメモリへの唯一の接点／69　　●変数には必ず型がある／71
　●変数の宣言／73　　　　　　　　　　●変数に値を設定／73
　●当面のお約束／74

第 15 講　演算 ―「電子計算機」だから計算は得意？ 77
　●算術演算子は演算の基本／77　　　　●数値リテラル／79
　●型変換／80　　　　　　　　　　　　●確認してみよう／81

第 16 講　文字と文字列 ―文字を扱うときのお作法 83
　●文字コードを知らずにプログラマにはなれない／83
　●文字リテラルと文字列リテラル／85　　●特殊な文字／85

第 17 講　条件分岐（1）―そこが分かれ道 87
　●条件に応じた処理／87
　●処理の流れを表記するアクティビティ図／88
　● if 文登場／89

第 18 講　条件分岐（2）―いくつも条件があるとき 92
　●もっと条件を厳しく！／92

●そうじゃないけどこうだったら……／93
●あるいは別の方法で／94　●1行で済ます条件分岐／95
●値を調べて条件分岐／96

第19講　繰り返し（1）—お望みならば何度でも 98
●場合によっては永遠に……／98　●自分で変数を調達／100
●ダブルで繰り返し／101

第20講　繰り返し（2）—役者はまだいます 103
●松屋と吉野家の違い？／103　●流れを変える切り札／106

第21講　クラスとインスタンス（1）—まず宣言しなくては 109
●クラスは宣言しなくては／109　●フィールドの宣言／110

第22講　クラスとインスタンス（2）—つくってみようインスタンス 113
●オブジェクトを扱う型／113　●オブジェクトのつくりかた／113
●フィールドへのアクセス／114

第23講　配列 —たくさんあるならタンスにしまっておこう 117
●ひとつの変数に複数の値を格納するには？／117
●配列にもnewキーワードが登場／118
●newキーワード抜きで配列を作ろう／119
●自分のサイズを計測しよう／120　●参照型変数の落とし穴／120

第24講　メソッドの定義と利用 —出番はいつでも大丈夫 123
●メソッドの定義と隠れたオブジェクトthis／123
●メソッドの利用／125　●メソッドにも可視性が登場／127

第25講　コンストラクタ —頼んではいないのだけれど…… 129
●特別なメソッド、コンストラクタ／129
●なくてもあるの？　コンストラクタ／130
●コンストラクタ抜きでフィールドを初期化／131

第26講　メソッドのオーバーロード —引数がカギ 133
●メソッドのオーバーロード／133　●コンストラクタのオーバーロード／135

第27講　インスタンス変数とクラス変数 —みんなのものはボクのもの？ 138
●インスタンス変数／138　●クラス変数／139

第28講　インスタンスメソッドとクラスメソッド —インスタンスへは出入り禁止？
.... 141
●インスタンスメソッド／141　●クラスメソッド／142

第29講　再び変数 —なわばりと寿命 144
●ローカル変数／144
●なわばりと寿命は、中カッコで決まる／145
●バッティングしたらどうなる？／146　●変わらないのに変数？／147

第30講　コーディングの作法 —どうせなら綺麗に書こう 149
- ●アンリトゥンルール／149
- ●プログラムの中にメモを入れておく／149
- ●どこから書きますか？／151　　●隙間がポイント／152
- ●名前を付けるコツ／153

第31講　継承の実装 —スーパークラスがあればよし 154
- ●継承の実装／154　　●スーパークラスへのアクセス／156
- ●すべてのクラスのスーパークラス／157　　●たまには力試し／157

第32講　継承とコンストラクタ —やはり親が優先 161
- ●サブクラスだってクラスには違いない／161
- ●コンストラクタを指名する／163
- ●動作の流れをはっきりと確認するには／165

第33講　継承しないクラス間の関係 —一筋縄ではいかない関係 169
- ● final クラス／169　　●集約の実装／170
- ●集約の実装例／171

第34講　メソッドのオーバーライド —ポリモーフィズムここにあり 174
- ●メソッドのオーバーライド／174　　●オーバーライドと可視性／177
- ●抽象クラスの実装／177

第35講　インターフェイス —限りなく抽象クラスに近い…… 180
- ●抽象クラスとは似て非なるインターフェイス／180
- ●インターフェイスの実装／181
- ●複数のインターフェイスを実装する／183　　●インターフェイスの継承／185

第36講　パッケージ —名前のなわばり 188
- ●名前空間の分割／188　　●パッケージを指定する／188
- ●パッケージとファイルの配置／189　　●パッケージのインポート／190
- ● Object クラスの所在／192　　● System.out.println() の謎解き／192
- ●パッケージと可視性／193

第37講　クラスパス —パッケージはここにある 195
- ●パッケージの指定と利用の実例／195　　●コンパイルと実行／197
- ●クラスパスの設定／198

第38講　例外（1）—備えあれば憂いなし 200
- ●危機管理はしっかりと／200　　●ひとっ飛びで例外処理開始／200
- ●最後の後始末／202

第39講　例外（2）—例外処理の受け持ち 205
- ●悪いけどそこは頼みます／205
- ●シカトしてもよい例外、わるい例外／206
- ●責任はすべて私に……／209　　●自作自演の例外／212

第3部　クラスライブラリを使いこなせればステップアップ……215

第40講　クラスライブラリの利用（1）—クラスライブラリのドキュメントを活用しよう……………………………………………………………………216
- ●頼りになるドキュメント／216
- ●ドキュメントを見る／217

第41講　クラスライブラリの利用（2）—文字列クラス……………………220
- ●文字列リテラルの正体／220
- ●Stringクラスの制約／220
- ●文字列比較の落とし穴／221
- ●Stringクラスのいくつかのメソッド／224
- ●中味を更新できる文字列クラス／226

第42講　クラスライブラリの利用（3）—ファイルの読み込み……………227
- ●ストリームクラスのあらまし／227
- ●ストリームクラスの機能／228
- ●標準出力と標準入力／229
- ●ストリームクラスの連係／229
- ●お好みのファイルを読み込むために／231
- ●ファイルからの入力／232
- ●ファイルの終わりは何処？／233

第43講　クラスライブラリの利用（4）—ファイルの書き込み……………234
- ●今度は書き込み／234
- ●書き込みを行うクラス／235
- ●いざ書き込み／235
- ●改行の問題／236
- ●最後はきちんとクローズしよう／236

第44講　マルチスレッド（1）—仕事は部下達に…………………………237
- ●コンピュータは同時にいくつも仕事を抱えられるか？／237
- ●プロセスとスレッド／237
- ●さっそくスレッドをつくってみよう／238
- ●スレッドはインスタンスだった／239
- ●まだあるスレッドをつくる方法／240

第45講　マルチスレッド（2）—お互いを調整するには……………………242
- ●お一人様限定の処理／244

第46講　Swingの基礎（1）—GUIでプログラミング………………………249
- ●CUIとGUI、そしてSwing／249
- ●Swingの特徴／249
- ●フレーム／250
- ●ボタン／252
- ●リスト／252
- ●コンボボックス／253
- ●チェックボックス／254
- ●ラジオボックス／254
- ●メニュー／255
- ●Swingを使ったプログラミングの学習／255

第47講　Swingの基礎（2）—イベント処理のメカニズム…………………257
- ●動作はイベント次第／257

- ●どこからイベントは生まれてくるの？／257
- ●イベントは誰が処理するのか？／258
- ●イベント処理の内容はどこで記述するのか？／259
- ●イベント処理の実際／259

第48講　Swingの基礎（3）—簡単便利アダプタクラス 262
- ●こいつは便利なアダプタクラス／262
- ●アダプタクラスの実際／262
- ●イベントいろいろあるけれど／264
- ●もうひとつのサンプルプログラム／265

第49講　Swingの基礎（4）—クラスのためのクラス 267
- ●特定のクラスに仕えるクラス／267
- ●匿名希望の内部クラス／270

第50講　最終講義 —あとがきにかえて 273
- ●新しい世界への旅立ちに向けて／273

補 講　1　AutoboxingとAuto-Unboxing 275
　　　　2　拡張されたfor文 282
　　　　3　Genericsによる処理 286
　　　　4　Enumによる定数表現 300
　　　　5　スタティックなインポート 304
　　　　6　可変長引数によるメソッド 308

付　録　学習の手助けとなる情報源 315

索　引 318

第1部

知っておきたい、コンピュータのこと オブジェクト指向のこと

Javaでプログラミングする前に知っておいてほしいことを講義します。コンピュータの基本的な仕組みと、Javaの根幹をなすオブジェクト指向、そしてUMLの基礎が講義内容です。

講義ガイダンス
―まずはじめに

講義を始める前に

　本書の目標は、プログラマの養成であり、**プロとしてプログラミングに携わるうえで必要不可欠な基礎力を身につけることです。**たいていの人は、早くプログラムを作ってみたがる傾向があり、文法事項を軽視しがちです。趣味のプログラミングならそれでもいいのですが、本書はそのスタンスには立っていません。

　ソフトハウスとかSIに就職した新入社員の人は、必ずしもプログラミングができるから採用されたのではなく、むしろプログラミングは未経験という人が多いのが実情です。そんな人は「落ちこぼれたらどうしよう？」とか「自分はプログラマとして飯を食っていけるのか？」という不安を感じていることが多いです。そんな人には、私見であることをあらかじめお断りしますが、いつもこうアドバイスしています。

> ・中途半端な知識や方法論を身につけていると矯正が難しいため、大学等で少しプログラミングをかじった人のほうが教えにくいケースが多い
> ・実はプログラミングを学ぶのは英語など他の分野の学習よりはるかに底が浅いので、ある程度の蓄積ができた後には急速に伸びていく
> ・初めて学ぶのだからこそ講師の示す学習方法や講義は素直に接して吸収して欲しい

　小説を書くのに才能は必要でしょうが、プログラムを書くのに才能は必要ありません。うまくプログラムを書けずに悩んでいる人は、たいてい基礎的な理解がすっぽりと抜けています。そういった人に限って、「文系だからプログラミングに向いていない」とか、「センスがないからきれいなプログラムが書けない」などと言い訳しがちです。正しい学習法に基づいてトレーニングを重ねれば必ずスキルは向上します。

　その正しい学習スタイルとは、**概念や文法を理解することを最優先として、それに合わせてサンプルプログラムを精読することを習慣にすることです。**精読とは1行ずつ丹念に

検討して、どのように動作するのかをきちんと説明できるように読むことです。最初のうちは、しつこいくらいに反復してそのプログラムの動作を頭でシミュレーションしてください。そうするうちに、**プログラムを見るとその内容が頭の中に湧きあがってくる瞬間が訪れます。**こうなればしめたものです。

　実際の研修では、文学部や法学部出身の人でおよそプログラミングとは無縁の人が、バカ正直にこの学習法で進めていったところ、最終的には落ちこぼれるどころか工学部出身の人より優秀な結果を残したという例はざらにあります。折に触れてお話しする学習のスタイルやポイントは確信をもって言っていることです。断言しておきますが、**本書の講義内容をしっかり理解すれば、これから 1 年後の「伸び」が全然違ってきます。**その後の段階で知識を身につける吸収力が違ってくるのです。

　酷なようですが、プログラマを目指すのに、スキルアップを他人任せ、会社任せにするなら、他業種に転職したほうがよっぽど幸せな人生を送れるでしょう。本書が皆様のスキルアップの手助けとなれば幸いです。

　それでは実際に講義を始めることにしましょう。短い道のりではありませんが、最後までがんばっておつきあいください。

コンピュータの動作の仕組み（1）
―まずは動作原理

コンピュータはどうやって動作するのか？

　さて、最初にいきなり Java の講義を始める前に、まずコンピュータの原理から説明します。ただ、本講義はコンピュータサイエンスの講義ではないので、必要なことだけに限定します。さっそくですが、現在実用化されているコンピュータのほとんどが分類上**ノイマン型コンピュータ**（von Neumann computer）に属します。これはハンガリー生まれの米国科学者であったフォン・ノイマンがそのメカニズムを提唱したため、彼の名前から命名されました。論文「電子計算機の理論設計序説」の発表が第 2 次世界大戦終結の 1945 年のことですから、現在のコンピュータのメカニズムは 70 年前の研究成果そのままなんですね。基本原理はそのままで著しい高性能化と低価格化を可能にしたのは、ひとえに半導体技術の革新によるものです。

　結局、研究所にあるようなスーパーコンピュータから、プレステ、そしてスマートフォンまで、すべてノイマン型コンピュータです。そこでノイマン型コンピュータの動作原理を押えておきましょう。ポイントは意外と簡単です。

---

1. どのような処理をするのかをあらかじめ命令として定めて蓄積しておく
2. 与える処理は逐次処理していく
3. 機械の構造（ハードウェア）は処理が変っても変更しなくてもよい
4. 処理の対象（データ）は 3. と同様に機械の構造や命令に依存しない

---

　1 の、「処理の命令を定めておく」とはプログラムを指し、「蓄積しておく」とは、メモリに保存することを示しています。

　2 の「逐次処理」というのは、メモリに保存されたプログラムをひとつずつ順番に呼び出して処理することです。

　続いて 3 はプログラムを変更すれば違った処理が可能で、回路や設計を変更する必要は

ないということです。

　最後の 4 ですが、データもメモリに保存されるので、違うデータを処理するときも、コンピュータの設計やプログラムを変更する必要はないということです。

　つまり、プログラムなしには何の処理もできないし、プログラムに定められていない処理はできません。**気をきかせて何かやってくれるとか、機嫌がいいからサービスで、多めに仕事をしてくれるようなことは絶対にありません。**

すべてのデータは数値にできる

　コンピュータで扱われるデータは全て数値の集りです。これはワープロのデータや、画像のデータだけではなく、いかなる種類のデータでも例外はありません。ここでピンとこない人がいても当然だと思います。例えばデジカメで撮影した写真が数値の羅列になってるなんて、にわかに信じられない話でしょう。

　それを可能にするのが、クロード・シャノンが構築した情報理論で、現在のデジタル情報通信技術全ての礎となっています。**シャノンの定理**という有名な定理がありますが、これは数式がベースになっている定理で、今回はその詳細について解説はいたしません。端的に説明すれば、「全ての情報は有限の数値の集合で表すことができる」というものです。この定理のおかげで CD やデジカメも存在しているので感謝しなくてはいけません。

　最近はそういったデジタル機器がかなり普及しているので、ずいぶん講義をするのも楽になりました。身近に実例がいくらでもあるのですからね。それでは具体的に数値の集まりとしてデータが生成される過程を見ていきます。

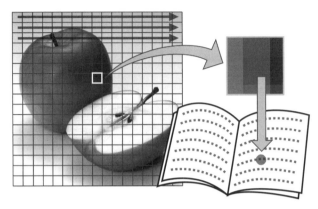

図2-1●画像を数値に変える

　先ほどの画像データの場合で説明を進めますが、まず画像を手に取ります。そして、定規を使って1ミリ単位でマス目を画像の上に書き込みましょう。次に左上角のマス目に注目してください。その中はいったい何色になっていますか？　複数の色があるなら、どれかを選んでください。そうしたら、色見本帳で選んだ色と一致する色番号をチェックしてください。そしてその色番号をノートにメモしてください。

　続いて右隣りのマス目に移って同じ作業をします。それを繰り返して一列終ったなら、下の列の左端に移動して作業を続けます。延々と繰り返して画像の右下の位置まで到達したら作業終了です。ノートにはびっしりと色番号がメモされていることでしょう。これと同じような作業をデジカメの内部でも行っています。ただし、マス目はもっと細いですし、作業のスピードも一瞬です。

　こうしてめでたく撮影した写真も数値の羅列になってくれましたね。こうしてできた数値の羅列はメモリに記憶されます。現在普及しているメモリは数値の羅列を記憶するように設計されています。**文章や画像を保存する場合でも、決してそのまま保存されているわけではない**というのはおわかりいただけましたか？次はその肝心のメモリについて説明します。

コンピュータの動作の仕組み（2）
―メモリの記憶術

第3講

あるかないかがポイント

　メモリの記憶の仕組みを正確に説明するには、電子工学や原子物理の知識が必要になってきます。お茶を濁すつもりはありませんが、ここでも概略にとどめて話を進めていきましょう。

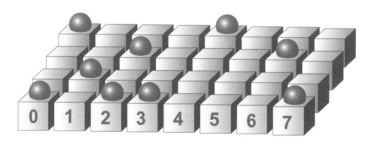

図3-1●メモリの概念図

　図 3-1 はメモリ構造の概念図です。メモリは、ある個所が電荷を帯びているかいないかで情報の記憶を行います。そして「ある個所」というのが、チップ内できちんと区画整理されて複数存在していれば、より多くの情報を保存することができます。その区画整理がメモリにおいては「番地」という概念になります。コインロッカーを思い浮かべてください。鍵番号があっていくつもロッカーがありますね。鍵番号イコール番地と考えてください。ただし、コインロッカーはサイズが許せば何でも入りますが、メモリの場合は電荷を帯びているか、あるいは帯びていないかのどちらかの状態しか許されません。

　次のステップでは電荷を帯びているか否かの組み合わせでどのように実際の情報を保存するかについて説明しましょう。

最初の関門？　2進数

　ここで登場するのが、ずばり **2 進数**（binary number）です。この言葉を聞いただけで顔

第3講

がひきつっている人もいるかもしれません。ですが、避けては通れませんので、これから一緒にマスターしましょう。

　まず10進数を考えてみましょう。10進数とは、10種類の文字を用いて数を数える方法です。1から9まで数えたら、次は10と位があがります。

　2進数でも考え方は同じです。つまり、**2種類の数字を用いて数を数えてください。**2種類というのは、「0」と「1」の数字です。先にタネをあかしますが、その「0」と「1」をそのまま、電荷を「帯びていない」ものと「帯びている」ものに対応させればいいわけです。これで2進数を利用すれば、数値をメモリに記憶させられます。これでめでたくさまざまなデータがメモリに記憶される秘密を解明できましたね。

　それでは2進数についての話を続けましょう。まず「0」からスタートするのは、10進数と同じです。次が「1」なのも同じです。その次が問題で、「2」なんて数字はありませんから、「10」ともう位があがってしまいます。次は「11」ですね。そのまた次は再び位があがって「100」となります。ちょっと表にしてみましょうか。

表3-2●2進数の表

2進数	10進数
0000	0
0001	1
0010	2
0011	3
0100	4
0101	5
0110	6
0111	7
1000	8
1001	9
1010	10
1011	11
1100	12
1101	13
1110	14
1111	15

2進数で4桁まで書きだしましたが、コンピュータの世界では1桁のことを1ビット (bit) と呼びます。この場合は4ビット分の表となりますね。4ビットだと2の4乗で16種類の数を表せますが、0が含まれるので、最大値は1少ない15になっているのに注意してください。また、8ビットのことを1バイト（byte）という別の単位で呼ぶこともあります。バイトという単位はファイルのサイズなどでよく利用されるので、必ず覚えておきましょう。

さて、この調子で桁数を増やせば、もっと大きな数を扱えます。ただそれだときりがないうえ、どんどん桁数が増えてしまいます。

16進数ならとっても便利

そこで、新たに登場するのが **16進数**（hexadecimal number）です。なぜ16進数が登場するのか？　というと、「2進数と16進数は計算なしで相互変換が可能であるから」という理由です。先ほどの表を16進数も含めて書き直してみましょう。

表3-3●16進数も加えて

2進数	10進数	16進法
0000	0	0
0001	1	1
0010	2	2
0011	3	3
0100	4	4
0101	5	5
0110	6	6
0111	7	7
1000	8	8
1001	9	9
1010	10	A
1011	11	B
1100	12	C
1101	13	D
1110	14	E
1111	15	F

第3講

　16進数の1桁は2進数の4ビットに相当します。16進数だと、普通の数字だけでは足りないので助っ人にアルファベットを使います。例えば4桁の16進数、7FA3を2進数に変換してみましょう。

$$7FA3 = 0111\ 1111\ 1010\ 0011$$

　前ページの表を見ながら変換すれば簡単ですね。計算する必要はありません。この表を別の紙に書き直したりしてアンチョコを作っても構いませんが、どうせなら覚えてしまいましょう。覚えやすいようにちょっとしたコツを披露します。
　まずは、0から3までは丸暗記しなくてはなりません。呪文のように、「00」、「01」、「10」、「11」と覚えてください。次に表を少し変形させます。

表3-4●覚えやすくするには

2進数		10進法	16進法
00	00	0	0
00	01	1	1
00	10	2	2
00	11	3	3
01	00	4	4
01	01	5	5
01	10	6	6
01	11	7	7
10	00	8	8
10	01	9	9
10	10	10	A
10	11	11	B
11	00	12	C
11	01	13	D
11	10	14	E
11	11	15	F

縦を 4 つごとに分割してから、2 進数の 4 ビットの列を 2 ビットずつに分割します。そうすると、分割した 2 進数の前半は縦の 4 分割によってきれいに分れていますね。そして、前半部分だけ見て、「00 だったら 0」、「01 だったら 4」、「10 だったら 8」、「11 だったら 12」とこれも覚えてください。先ほどのパターンのちょうど 4 倍になっているのに気づいた人はカンがいいですね。そして後半部分をそのまま加算します。

例えば、1011 というのが出てきたら、前半が 10 なので 8 だな、後半は 11 なので 3 だな、だから合わせて 11 だ！　となるわけです。こう考えていくうちにいつのまにか先ほどの表を覚えてしまう日が来るでしょう。

それでは最後に練習問題をやってみましょう。

> 問●次の 16 進数を 2 進数に変換せよ：E6A2

表を見ないで正解できたら言うことはありませんが、正解は、

> 1110　0110　1010　0010

になります。

第4講 コンピュータの動作の仕組み（3）
―まさに司令塔の CPU

CPU こそがコンピュータの中心

　CPU（Central Processing Unit）は、コンピュータの動作の中心として各種の処理を行う半導体による非常に複雑な電子回路であると考えてください。人間ならばまさに脳にあたる部分なので、CPU なしにコンピュータは一切動作しません。

　世界でもっとも知名度の高い CPU が、TVCM でもおなじみのインテル社の開発した「ペンティアム」です。そのペンティアムは、いわゆる DOS/V マシン（IBM AT 互換機）の大多数に搭載されています。無論、ペンティアムのほかにも多くの種類の CPU が存在し、それぞれ用途に応じて特色があったり、独自の機能が付加されています。

表4-1●CPUあれこれ

CPU名	Core	ARM	PowerPC	SuperH シリーズ
メーカー	インテル	ARM ホールディングス	IBM とモトローラの共同開発	日立製作所
解説	パソコンの CPU としてのスタンダードの位置を占める	搭載数ならば圧倒的に多く使われている。ARM 自体はコアな設計をライセンス提供しているだけなので、用途に合わせて様々なメーカーがチップを開発提供している	かつては Apple の Macintosh で使われていた。制御系では ARM や SuperH と競合する	日本メーカーが開発した CPU で制御系の用途で採用例が多く、日本製の製品では特に事例が多い
搭載機器例	多くの PC	スマートフォンや無線ルーターなど数多くの電子機器で採用される	IBM 製のワークステーションやサーバー、各種電子機器	ドリームキャスト（ゲーム機）、宇宙探査機「はやぶさ」、自動車制御

　プログラムは2進数の数値の集まりとしてメモリに保存されていますが、CPU が直接実行するプログラム言語は**機械語**（machine language）と呼ばれます。これは Java などのプ

ログラミング言語とは全く体系が異なっています。残念ながら機械語は難解である、という先入観がついてまわり、一般にプログラミング初学者に対してはその話題を避ける傾向があります。しかし、**プログラミングを初めて学ぶなら、機械語によってCPUがどのように駆動されるかをある程度理解しておいて損はありません。**

機械語は実はシンプル

それでは機械語の構成について説明します。基本的な機械語の命令は以下に示すだけのバリエーションしかありません。

- 任意の番地のメモリの値を読む
- 任意の2つの番地のメモリの値同士を計算する
- プログラムを読み込む番地を変更する
- 任意の番地のメモリの値を検査して結果に応じてプログラムを読み込む番地を変更する

実際の機械語の命令はこれらを組みあわせて一度に実行できるようにするなど、さらに工夫がなされています。ひとつ注目すべきなのは、機械語では各種の命令を行うときに任意の番地を指定する必要がある点です。つまり、**プログラミングの時点であらかじめ利用するメモリの番地を決定しておかなくてはいけない**ので、非常に煩雑な作業が必要です。そんな理由により、現在では機械語でのプログラミングは特殊な分野に限定されます。非常に高速な動作を必要とし、CPUの性能を極限にまで引き出す必要のあるグラフィックスや機器制御といったプログラムがその例です。大多数のケースでは機械語でプログラミングする必要はないので、代わりにJavaやCと呼ばれるプログラミング言語を利用します。これらのプログラミング言語を一般に**高級言語**（high-level language）と呼びます。一方で機械語のことを**低級言語**（low-level language）と呼びます。

高級言語の秘密

高級言語はなぜ高級なのか？と考えるかもしれませんが、高級言語だから高機能、低級言語だから低機能と決めつけるのは早計です。これらの用語は簿記でいう貸方と借方のよ

第4講

うに、実は意味を追求しても仕方がないのです。何を基準に高機能とするかは一概に決定できないので、**高級言語は人間がプログラミングを行うときに負担が少ないように配慮されたプログラミング言語、低級言語はコンピュータが理解して実行するのに負担が少ないように配慮されたプログラミング言語**と考えてください。普通高級言語はメモリに対して直接番地を指定しなくてもプログラミングを行えるように工夫されています。

次に高級言語で記述されたプログラムが実行されるメカニズムを説明します。これにはふたつの方法があります。ひとつは、あらかじめ高級言語で記述されたプログラムを一括して低級言語に変換させるプログラムを利用する方法で、もうひとつは、高級言語で記述されたプログラムの一部分を随時参照しながらその内容に即した処理を行うプログラムを実行させる方法です。これらふたつの方法の前者を**コンパイラ**（compiler）、後者を**インタープリタ**（interpreter）と呼びます。両者にはそれぞれ長所と短所があります。

コンパイラは機械語のプログラムをあらかじめ作成する形になるので、できあがった機械語のプログラムは比較的高速に動作します。その反面、ちょっとでもプログラムを変更したら、もう一度コンパイラに頼んで機械語のプログラムを作成し直す必要があります。それに対して、インタープリタはプログラムを変更しても、すぐにインタープリタに実行することを要求し、動作を開始することができます。また、インタープリタは高級言語を理解できるCPUを擬似的に用意するプログラムと考えられますが、コンパイラに比べれば動作速度の点でどうしても不利になります。このように本来持っていない機能を擬似的に作り出すことを**エミュレーション**（emulation）と呼びます。エミュレーションという言葉は、コンピュータの世界ではかなり頻繁に出てくるので、覚えておいて損はありません。

次の講では、まずJava言語の特質の根幹をなす**オブジェクト指向**（object oriented）について説明します。出てくることすべてが新しいことばかりかと思いますが、めげずにがんばりましょう。

オブジェクト指向への招待（1）
―オブジェクト指向とは？

オブジェクト指向は「自然な」考え方

　Javaはオブジェクト指向という考え方を全面的に取り入れたプログラミング言語なので、オブジェクト指向の理解が必須です。そんな理由から本書では、実際にJavaの学習を始める前にオブジェクト指向についての講義を行います。

　オブジェクト指向は人間にとって「自然」なものであり、決して「特別」なものではありません。そのことを決して忘れないでください。オブジェクト指向が生まれた背景には、人間とコンピュータの間でデータに対する考え方がもっとも距離があり隔絶している点にあります。コンピュータはすべてのデータが2進数の数の集まりだという前提を守り抜くことで、シンプルなメカニズムを維持しています。そのため人間に対して犠牲を強いる結果となっていました。つまり、人間の側からすれば、難解で複雑な手続きが必要だからです。

　この問題を解決するひとつの考え方がオブジェクト指向です。つまり、オブジェクト指向はコンピュータ本位であったデータの扱われ方を人間本位なものに転換する試みです。このため、プログラム言語の改良というプロセスにおいてオブジェクト指向の導入はまさに画期的な出来事でした。

オブジェクト指向の本質

　一般的なオブジェクト指向の解説では、オブジェクト指向は世の中のすべてを「もの」として捉えていくといったフレーズが頻繁に登場します。これは「**オブジェクト**（object）」という英語の日本語訳が「もの」とされていることに起因しています。「ものつくり大学」という大学があったりするくらいですから、日本語の「もの」というのは、どちらかといえば明確に形を持つ「物体」というイメージでしょう。

　ですが、「もの」という日本語では伝わらないニュアンスが「オブジェクト」には存在しています。このことを見落とすと、オブジェクト指向は「もの」指向となり、違ったイメー

第5講

ジになってしまいます。つまり、オブジェクトとは**物体に限らず扱われている対象を処理するのに適切な分量でピックアップしたもの**と考えてください。オブジェクト指向の本質は、そのようにピックアップしていく作業と、それをコンピュータ特有のロジックの中に摺り合わせる作業が平行していることです。

猫が1匹

例えば、ここに1匹の猫がいます。人間だと視覚や聴覚などの感覚で、1匹の猫がいると認識した時点で、ひとつの「オブジェクト」としてその猫を認知しています。同じ場所にあなたのほかに別の人間がいるとします。その人間も同様に認知できるでしょう。しかし、人間では当たり前のことでも、コンピュータに同じような認知をさせるのは不可能です。オブジェクト指向は人間本位の感覚を重視してはいますが、人間と同じ認知プロセスを求めたりはしません。コンピュータにはコンピュータなりのオブジェクトに対しての認知プロセスが必要です。

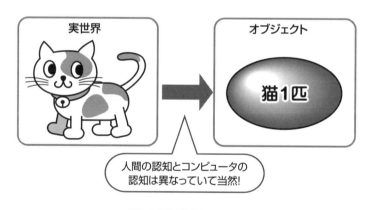

図5-1●猫が1匹いて……

そういった工夫が具体的にはオブジェクト指向の理論として用意されています。本来のアプローチは人間にとって自然だったのに、蓋を開けてみたらオブジェクト指向の解説はいろんなことがずらずらと並んでいて難しそうになるのは、そういった事情が背景にあるからです。

下心がないと困ります

　猫の例で話を続けましょう。コンピュータで処理するには、対処したい問題を明確にする必要があります。例えばどんな猫かを明らかにしたいのであれば、体のサイズ、色、体重、品種などのデータを集めるべきでしょう。あるいは、その猫に首輪をプレゼントしてあげたいというのなら、猫の首周りのサイズだけわかれば十分です。このように**必要に応じてオブジェクトの観察すべき特性は変化します。**

　また、観察すべき特性を選定するのは人間の役目です。オブジェクト指向では、こうして設定された観察すべき特性のことを**属性**（attribute）と呼んでいます。先ほどの例の体重や首周りのサイズはすべて属性です。さらに、そのオブジェクトは独特の振る舞いをすることが予想できます。猫であれば、動いたり、食べたり、といった動作のことをオブジェクト指向では**操作**（operation）と呼びます。

　つまり、属性と操作を定義すれば、そのオブジェクトの独自の特徴を説明することができるわけです。**その定義は恣意的なものですから、それぞれの目的に応じて最適な属性と操作を考える必要があります。**

　こうして定義された属性と操作はそのオブジェクトのすべてを説明しているわけではなく、実際に必要な部分のみを表しています。こうしたことから、属性と操作をオブジェクトに対して定義する作業を**モデリング**（modeling）と呼びます。

　モデリングを行うには取り扱いたい問題に対する明確な意図がないといけません。異性に対しては下心が見え見えだと嫌われてしまいますが、ことにモデリングの場合は下心がないとまったく仕事にならないことを覚えておきましょう。

UMLは世界共通

　オブジェクト指向では、属性と操作の定義で終わりではなく、最終的にはひとつのシステムとしての設計を完成させるのが目標です。そこで一連の設計作業と成果物の表記に関するルールを定めて作業を明確にし、品質の向上が試みられてきました。ただ、オブジェクト指向の場合は研究者それぞれが独自の方法を提唱し、いくつもの設計技法、表記法が存在していました。特にブーチ、ランボー、ヤコブソンの3人の研究者がそれぞれ考案した手法が優れていたため、事実上はこの3種類の手法のどれか、もしくはそれらを組み合

わせて利用されることが一般的なオブジェクト指向を用いた開発スタイルとして定着しました。

　こういう状況になると、この3人の研究者の間で果てしない勢力争いが起こりそうなものですが、3人共同でお互いの優れた所を集めてひとつの手法に統一しようという賢明な決断がなされました。その統一された方法論のことを、**UML**（Unified Modeling Language）と呼びます。現在ではUMLはオブジェクト指向における表記法の世界標準と位置づけられています。

　これからは、オブジェクト指向に関する説明を進めながら、それに対応するUMLの説明を合わせて行っていきます。UMLでは、目的と内容に応じて、下の図に示す9種類の表記法が定められていますが、本講義では解説しないものもあるのであらかじめご承知おきください。

表5-2●UMLで使用される図の種類

図の種類	概　要	初出の講
クラス図	クラス及びその相互関係を示す	6
オブジェクト図	インスタンス及びその相互関係を示す	6
ユースケース図	アクターとユースケースの関係を示す	8
ステートチャート図	時系列で状態の遷移を示す	×
シーケンス図	時系列でオブジェクトの相互関係を示す	×
アクティビティ図	作業のプロセスを示す	17
コラボレーション図	オブジェクトの相互関係を示す	×
コンポーネント図	システムのコンポーネント構成を示す	×
配置図	物理的なコンピュータデバイス構成を示す	×

第6講 オブジェクト指向への招待（2）
―クラス・オブジェクト・インスタンス

クラスとオブジェクト

　クラス（class）、オブジェクト、そして**インスタンス**（instance）という3つの意味の違いをこれから説明していきます。最初はクラスとオブジェクトの関係からです。クラスはオブジェクトの中から共通の特徴をまとめて扱う機能を持ちます。つまり、クラスとは、この属性とこの操作があるべきという設計書です。猫であれば体のサイズと体重の属性があって、「鳴く」のと「歩く」の操作があるべきだと定義します。これをクラスを定義するといいます。

　ここで非常に重要なことは、**「猫」クラスが定義されただけでは実際には猫は1匹も存在していない**ことです。まさに猫の子1匹いない状態です。クラスとオブジェクトの一番大きな違いはここにあります。オブジェクトは現実に存在しているものを表しますが、クラスはそうではありません。あくまでも設計書に過ぎないわけです。

　言い換えると、**クラスはオブジェクトの型**といえます。型というのは、たい焼きを作るときに使う鉄でできた型を思い浮かべてください。型そのものはたい焼きではありませんが、型がなくてはたい焼きは作れません。

　クラス定義に従って実際にオブジェクトを作ることを**オブジェクトを生成する**といいます。その生成されたオブジェクトはクラスの定義に従った属性と操作を持っています。この作業の流れとたい焼きを作る作業とを重ね合わせて考えてみてください。

インスタンスの登場で三角関係に

　次はインスタンスが登場し、三角関係になります。これら3つの違いをきちんと把握している人は意外に少ないので、これから説明する違いに注意してください。インスタンスは、日本語の直訳だと実例といった意味になります。ただここでは、**インスタンスとは、「具体化したもの」**と考えてください。よって具体化する対象がないとインスタンスとはいったい何なのかは議論できません。そこで、なぜ三角関係なのかですが、

第6講

```
特定のクラスのインスタンス＝オブジェクト
```

という関係になるからです。ただし、特定の人や書籍あるいはそのときの文脈によっては、

```
インスタンス＝オブジェクト
```

として扱うこともあります。これは厳密に考えると、**「特定のクラスの」**という部分が省略**されています。**よって、単純にインスタンスとオブジェクトは同じと考えてしまうのは正しくありません。

クラス作成とUML

ではさっそくですが、「猫」クラスを作成する実例からUMLでの表記について説明しましょう。UMLにおいてクラスの定義を表記する図は**クラス図**（class diagram）と呼びます。まず、「猫」クラスの定義をUMLで表すなら、図6-1のようになります。

```
┌─────────────┐
│     猫      │
└─────────────┘
```

図6-1●一番単純なクラス図の例

ただ単純に四角形の中の枠にクラスの名前を書くだけです。拍子抜けした人もいるかもしれませんが、本当にこれだけです。ですが、これだけでは「猫」クラスがあるという情報しかありません。どんな属性があって、どんな操作があるかについては記載されていない状態です。そこで、この「猫」クラスには身長、体重、毛の色の3つの属性と、歩く、食べる、鳴くの3つの操作があるとしてクラス図を表記してみましょう。

オブジェクト指向への招待（2）―クラス・オブジェクト・インスタンス

図6-2●属性と操作を表記したクラス図の例

　図6-2は3段重ねで、上段がクラスの名前、中段が属性、下段が操作という構成を示しています。操作の名称の後に、( )があるのにはちゃんと意味があります。これは第9講で説明するので、今は約束事として覚えておいてください。

　実際の設計では属性や操作が何十個にもおよび、紙面の都合がつかなくなるときがあります。そのときには次のように表記することもできます。

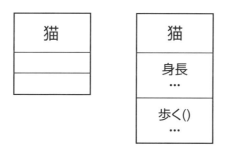

図6-3●属性と操作を省略したクラス図の例

　左側のクラス図は属性と操作を非表示にしています。右側のクラス図は「…」を利用することで一部を省略して表記しています。

　クラス図はクラスについての表記法なのでオブジェクトを表記できません。オブジェクトを表記するには**オブジェクト図**（object diagram）を利用します。

第6講

　「猫」クラスのインスタンスとして、黒猫のクロが生成されたとします。これをオブジェクト図で表記すると下の図になります。

図6-4●黒猫のクロのオブジェクト図

　クラス図と異なるのは、クラスの名前のところを「オブジェクトの名前：クラスの名前」と書いて、さらに下線を加えている点です。これで特定のオブジェクトを示します。
　さらに、オブジェクトの場合は属性が特定の状態になっているので、その情報も盛り込みたいときがあります。そのときには、

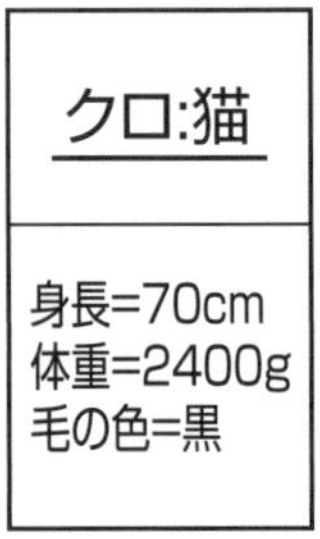

図6-5●属性の状態も表記したオブジェクト図

と表記します。この場合は、身長70cm、体重2400g、毛の色は黒という状態です。ただ実際には、属性の状態まで表記するケースは少なく、オブジェクトとクラスの名前のみを表記する利用法が大半です。また、オブジェクトかクラスの名前のどちらかを省略することもあり、以下のように表記します。

図6-6●オブジェクトまたはクラスの名前を省略したオブジェクト図

　クラスの名前を省略するときはオブジェクトの名前の後にコロン（:）は必要ありません。

オブジェクト指向への招待（3）
—クラスとクラスの関係

ふたつのクラスの微妙な関係

　UMLのクラス図はクラス定義の表記だけのものではありません。複数クラス間でお互いの関係を示す機能もあります。一番単純なケースとして、ふたつのクラスがある場合、例えば「監督」クラスと「選手」クラスで考えてみましょう。

図7-1●監督と選手クラス

　監督の采配に従って選手はプレーを行うので、「監督」クラスと「選手」クラスの間には特別な関係があると考えられます。ふたつのクラスの間に関係があることを**関連**（association）と呼びます。そしてこの状態をUMLで表記するには、ふたつのクラス間を1本の実線で結べばそれでおしまいです。ただし、実線ではなくて点線などにしてしまうと、別の意味になってしまうので注意してください。

図7-2●関連を図示

　これでふたつのクラスが関連していることを表記できましたが、具体的にどういう関連かはこれでは不明です。UMLではどんな関係にあるのかも表記することができます。そこで、どういった関連かを根拠に関連名を決定し、関連を特定することができます。関連名は実線の上部に表記します。さらに黒い三角形を用いて関連の意味する方向を示すこともできます。

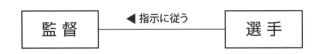

図7-3●関連名を追加

　この場合は「指示に従う」という関連名で、三角形は監督のほうに向いています。これで「選手は監督の指示に従う」という関連があることがわかります。関連名を指定することで、より具体的なモデルを作成することができます。また、場合によっては複数の関連が存在することも考えられます。この場合でもそれぞれの関連に関連名を与えることが可能です。

図7-4●複数の関連がある例

　ここで気をつけなくてはいけないのは、関連とは特別な関係ながらも普遍的な関係でもあるべきということです。基本的に関連は特定のシチュエーションに限定させてモデリングするものではないので、**関連名はある程度概念的、抽象的な単語が選ばれるはず**です。

　もうひとつ**ロール**（role）という機能があります。これは関連が存在しているクラスにおいて、それぞれが持つ役割を明示します。例えば、監督は指揮者、選手はプレーヤーという役割が考えられます。ロール名は、実線の末端の下側にそれぞれ表記します。ロール名も特定のシチュエーションに偏らない役割を想定しなければいけません。また、関連名とロール名は両方、または片方を省略することができます。

図7-5●ロール名がある例

ふたまたかけてもいいですか？

　クラス間の関係にはもうひとつ別の視点があります。生成されるオブジェクトの数が取りうる値を**多重度**（multiplicity）と呼びます。例えば「夫」クラスと「妻」クラスの関連は、夫婦は1対1で結婚するので多重度は1対1です。さきほどの「監督」クラスと「選手」クラスだったら、多重度は1対多です。しかし、監督は何人もいるから多重度は多対多ではないかと考える人がいるかもしれません。ですが、多重度を考える場合は以下のように考えてください。

> 1. 監督から見ると、1人の監督は複数の選手を指揮できます
> 2. 選手から見ると、監督は所属しているチームの1人だけです
>
> このように、その関係において相手のオブジェクトがいくつ生成できるかを考えて、多重度を考えます

　多重度はとりうる値の最大値と最小値で表します。表記法は、「最小値..最大値」、または「特定の値」、「特定の値をカンマ区切りで列挙」のいずれかです。また、値に＊（アスタリスク）を用いると無限大の意味になります。

表7-1●多重度の記述

多重度	取りうる値の範囲
1	1のみ
0..3	0から3まで
1..*	1以上
1, 5, 7	1か5か7
23..45	23から45まで

多重度は、ロール名が実線の末端の下側なのに対して上側に表記します。例を挙げておきましょう。

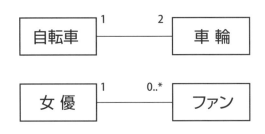

図7-6●多重度の例

次に、多重度が1対他のケースのときに1対1に絞り込むことができます。例えば「監督」クラスと「選手」クラスで、選手の背番号で特定の選手1人に限定できるので、多重度を1対1にすることができます。

図7-7●限定子の例

この絞り込みには**限定子**（qualifier）を利用します。関連の実線の端に長方形を挿入し、その中に絞り込みの条件を表記します。限定子はなんでもよいわけではなく、絞り込みがうまくいくような条件を選択する必要があります。

クラスがクラスでできてたら？

最後に関連の中でも特別なパターンを説明します。あるクラスが別のクラスで構成されている関係なら、それを**集約**（aggregation）と呼びます。言い換えればあるクラスは別のクラスを部品としている関係です。よって、「監督」クラスと「選手」クラスとでは集約とはいえません。監督は選手でできてはいないからです。

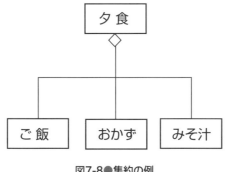

図7-8●集約の例

　「夕食」クラスに対して「ご飯」、「おかず」、「漬け物」、「みそ汁」などそれぞれのクラスを全体の中の部分と考えるので、集約の関係です。表記法は「夕食」クラス側の端を白いひし形にします。

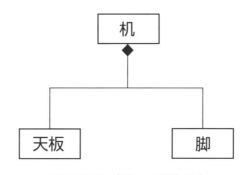

図7-9●コンポジション集約の例

　さらに集約がより強固になった関係を、**コンポジション集約**（composition）と呼びます。普通の集約との違いは、全体と部分が一心同体で、全体がなくなると部分も存在する意義がなくなってしまう点です。「夕食」クラスの場合は、単独で「ご飯」クラスのインスタンスを生成できますが、「机」クラスの場合は、「天板」クラスの、あるいは「脚」クラスのインスタンスだけあっても機能できません。

　コンポジション集約を表記するには、全体のクラス側の端を黒いひし形にします。そして、普通の集約とのもうひとつの違いは全体側のクラスの多重度が0か1に限定されていることです。どうしてなのかは考えてみてください。

オブジェクト指向への招待(4)
―ユースケース

行動調査も時には必要

　オブジェクト指向を用いた開発ではクラス設計作業に加えて**ユースケース**（use case）を検討するのも重要です。UML では対処すべき問題領域を**システム**（sytem）と呼び、ユースケースとはシステム内での行動を指します。ユースケースを表記したものが**ユースケース図**（use case diagram）です。

　またシステムでの活動の主体、あるいはシステムのユーザを**アクター**（actor）と呼びます。ただし、アクターは人間に限らず、コンピュータを含む機械や他の外部システムも含まれます。ユースケースを検討するのはシステムの全体像を把握するのに役立つので、ユースケースを抽出する作業を設計段階の初期で実施すれば、大きな効果が期待できます。

　顧客の行っている業務を把握し、その顧客が求めているものを明らかにする作業は一般に**要求定義**（requirement definition）と呼ばれ、非常に重要な作業ですが、ユースケースを活用すれば顧客と同じ目線で議論をするのも容易になります。

　ユースケースを用いるなら、ユースケース図をまず完成させ、それを参照しながらクラス設計の検討を開始するのが一般的な手順です。

ユースケース図の書き方

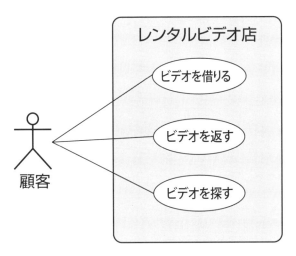

図8-1●ユースケース図の例

　ユースケース図を表記するには、システムを長方形の図形で表し、その中にシステム名を記述し、どんなシステムかを明示します。アクターは落書きで書くような人を表す図形で表し、その下にアクター名を記述し、どんなアクターかを示します。ユースケースは楕円で表し、中に行動内容を記述します。そして特定のアクターとユースケースを実線で結ぶと、アクターはユースケースを実行することを示します。

　実際の設計作業ではこのユースケース図を見ながら、どれだけクラスを設計する必要があるかなどを検討していきます。そして、つじつまが合わなかったり、はっきりしないことに出くわしたら、必ずこのユースケース図に戻って検討すべきです。設計全体の出発点がこのユースケース図にあるといっても過言ではありません。

第8講

今度はユースケース同士の関係

　ユースケースとユースケースの間に特別な関係があってもおかしくはありません。ひとつは、**包含**（include）と呼ばれる関係で、あるユースケースがより細かく複数のユースケースに分解された状態です。つまり、あるユースケースは他のユースケースの一部分になっています。

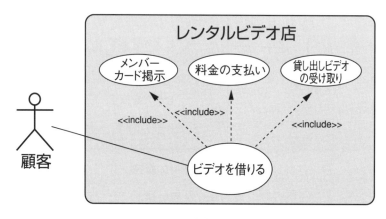

図8-2●包含の例

　包含を表すには、分解されたユースケースに対して破線の矢印で表します。そして、<<include>> を付加します。ギルメット（<< >>）で囲まれた単語を**ステレオタイプ**と呼び、その単語に応じて特別な機能を付加することを意味しています。この場合はステレオタイプ include を破線に付加すると、その破線は包含の意味を持つようになります。

　図8-2を見てください。「ビデオを借りる」ユースケースは、「メンバーカードを掲示」、「料金の支払い」、「貸し出しビデオの受け取り」の3つのユースケースを包含しています。

　そしてもうひとつは、**拡張**（extend）と呼ばれ、あるユースケースにさらに別の機能を付加したユースケースの状態です。

オブジェクト指向への招待（4）―ユースケース

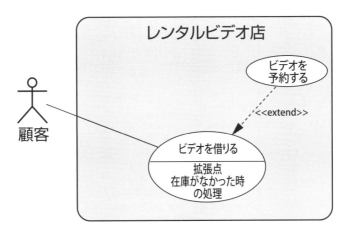

図8-3●拡張の例

　拡張を行うには、元となるユースケースに**拡張点**（extension point）が必要です。拡張点は元になるユースケースに例のように表記します。例では、ビデオを借りる際に在庫がなかった際の処理をポイントとして抽出しています。そして、拡張されたユースケース「ビデオを借りる」は、拡張したユースケース「ビデオを予約する」に対して破線の矢印で表し、ステレオタイプに extend を付加します。ここで矢印の向きに注意してください。感覚的には、拡張されたユースケースから、拡張したユースケースに向かって矢印を引いてしまいそうですが、正しいのは逆です。それでは練習問題をやってみましょう。

問●以下の文を検討し、ユースケース図を作成しなさい。
　焼き鳥屋の鳥辰では、基本は塩味で焼くのが基本だが、別料金で特製のタレで焼くメニューもあり、どちらも好評である。焼き鳥を焼くといっても、調味料を振りかけて炭火で焼き、串を転がして表裏を返し、最後に企業秘密の仕上げを施すといった手の込んだ作業が必要である。よって店員も少ないこともあり、なかなか店主は大変である。ただ、注文を受けたり配膳するのは、若者のアルバイトが常時担当しているので任せておいても安心である。

　正解の例は以下のようになります。ただしこれだけが正解ではありません。ユースケースの抽出の仕方次第で解答は大きく変わってきます。

第8講

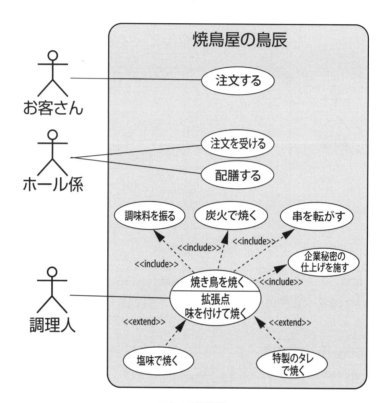

図8-4●解答例

　ユースケースを考えるうえでアクターを決めるのが難しいとの声をよく聞きます。この例ですと、店主もアルバイトの若者も居酒屋の店員というひとつのアクターで済ましてしまっている人がいるかもしれません。そうではなくて、その役割に応じてアクターを振り分けるべきです。

　次は3講にわたってオブジェクト指向3原則と呼ばれる3つの概念を説明していきます。

第9講 オブジェクト指向3原則（1）
―カプセル化

カプセル化とは

　これから3講にわたって、**オブジェクト指向3原則であるカプセル化、継承、ポリモーフィズム**について説明します。最初は**カプセル化**（encapsulation）からです。まず風邪薬のカプセルを想像してください。

図9-1●ある風邪薬のカプセルの中味の抜粋

　いくつもの成分が含まれていますが、こういうのを見ると何となく効きそうに思えてきますね。ただ、風邪をひいてカプセルを飲む人のほとんどは風邪が治ればいいのであって、実際の薬効成分の詳細にまで気を配ることはありません。

　カプセル化とはまさにこの状況のことで、詳細内容は公開せず必要十分な手続きや情報に限定することで、外部からよりシンプルに扱うことです。裏を返せば、外部からはカプセルの内部を変更できません。つまり、カプセル化によって外部から守られているとも考えられます。

クラスだってカプセル化の産物

　クラスは属性と操作を一緒にカプセル化したものとも考えられます。仮に他のクラスがあったとしても、そのクラスの属性や操作といつのまにかごっちゃになることはありません。お互いのクラスはカプセル化されているので、その中味に関しては他と明確に区別で

きることが保証されています。

さらに、クラスでは属性と操作とを一緒にカプセル化していることに注目してください。このことは、原則として属性の状態は何らかの操作によってのみ対応可能であることを意味しています。つまり、**勝手に属性の状態が変化することはありえないのです。**

図9-2●クラスもカプセル化の産物

カプセル化はプログラムの構造にまで恩恵を与えています。オブジェクト指向を導入すると、プログラムを部品化したり再利用することができ、開発効率が上がるということがよくいわれますが、それにはカプセル化が1枚噛んでいるのです。

操作の詳細とメッセージ送信

今度は操作そのものに焦点を当てて考えてみます。オブジェクトの属性の状態を変更できるのは操作のみに許されています。では、その操作に対して属性の状態を変更するにはどのように指定すればよいのでしょうか？

答えは操作にからくりがあります。第6講のクラス図の説明で操作の名称の後に、( )があることに触れましたが、その意味については説明しませんでしたね。実は操作を開始するときに、その操作に対して情報を渡すことができます。その情報のことを**パラメータ**（parameter）と呼びます。その情報をもとに属性を変更することができ、そしてパラメータの指定を( )の中に記述します。

```
┌─────────────────────────────────┐
│          電  卓                 │
├─────────────────────────────────┤
│ ...                             │
│ 加算する(数値A:Integer,数値B:Integer):Integer │
│ ...                             │
└─────────────────────────────────┘
```

図9-3●パラメータの記述があるクラス図

( ) 内の表記は以下のルールに従います。

> (パラメータの名前：タイプ名， パラメータの名前：タイプ名， ……)：戻り値のタイプ名

　パラメータは複数の情報を渡すことができるので、その場合にはカンマ区切りで列挙します。個々のパラメータは名前とそのパラメータの取るデータの型であるタイプ名（例ではInteger＝整数値）を指定します。型については、第14講で詳しく説明します。その後にある戻り値とは、操作の結果返されてくる情報のことです。この場合もタイプ名を指定します。ただし、戻り値はパラメータと違って1種類のみです。操作の名前とパラメータと戻り値を合わせて**シグニチャ**（signature）と呼びます。

　また、オブジェクト指向では操作を実行することを**メッセージ**（messeage）を送信するとも呼びます。なぜならば、操作を開始するときは直接操作に指令するのではなく、いったんオブジェクトに操作の開始を依頼することになるからです。このことはオブジェクトが特定できてなければ、操作したくてもできないことからも明らかです。つまり、オブジェクトにメッセージを送信することで、そのオブジェクトに操作の依頼をしているのです。

オブジェクト指向3原則（2）
—継承

継承をきちんと理解しよう

　オブジェクト指向における**継承**（inheritance）は、非常に重要なポイントで、これから姿かたちを変えて何度も登場します。それでは実際の例をもとに考えていきましょう。

　もうおなじみの「猫」クラスを例にします。そしてもうひとつ「哺乳類」クラスを登場させます。ここで猫は哺乳類であるともいえます。ですが、猫は爬虫類とはいえません。このとき、**「猫」クラスは「哺乳類」クラスを継承している**と考えられます。そして、継承されているクラスを**スーパークラス**（super class）、継承しているクラスを**サブクラス**（sub class）と呼びます。逆に、特別だから継承しているクラスはスーパークラス、と覚えている人がいますがこれは間違いです。

猫は哺乳類の持つ性質を
すべて受け継いでいる

図10-1●継承の関係

　このように**継承の関係はお互いが対等ではありません**。哺乳類は猫ではありませんよね？　それでは、もうひとつ継承で大切なルールを説明しましょう。

> 2つのクラスが継承の関係にあるとき、スーパークラスが持つすべての属性と操作をサブクラスでも引き継いで持っている

　このルールに例外は存在しません。この属性はいらないというリクエストがあったとし

ても一切却下です。それと、集約と継承とを混同してしまう人がよくいるので、違いを説明しておきましょう。第7講の例では「夕食」クラスと「ご飯」クラスは集約の関係でした。ここで夕食はご飯である、といえるでしょうか？ 確かに夕食はご飯かもしれませんが、これは、日本語の助詞「は」が複数の機能を持っていることからくる混同です。

ここでの「〜は〜である」は、英語に置き換えると「〜 is a 〜」です。それで継承の関係は「**is-a**」関係であるとも呼ばれます。それに対して集約は、「〜 has a 〜」といえるので、「**has-a**」関係と呼ばれます。夕食とご飯は「is-a」の関係でしょうか？ そう考えれば、「夕食」クラスと「ご飯」クラスの関係は継承ではなくて集約であるのがはっきりします。

UMLで継承を表記する

次に、UMLでの継承の表記法についてです。まずふたつのクラス間に白抜きの三角形で表される矢印を引きます。線の部分は実線です。そして矢印の向きは、サブクラスから、スーパークラスの方向に向かっています。これを**逆にしてしまう人が非常に多い**のでくれぐれも注意してください。この矢印は「あんた、**どこから**（継承して）来たんだい？」と聞かれているんだと覚えておけば間違いないでしょう。

それとサブクラスの属性と操作は、スーパークラスにある属性と操作を継承して含んでいるはずですが、UMLでは、スーパークラスにあるものは表記しません。よってサブクラスに表記されている属性と操作は、そのサブクラス独自のものです。

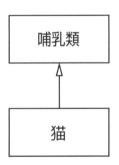

図10-2●UMLでの継承の表記

継承という用語はオブジェクト指向での用語です。UMLでは継承という用語を用いずに、

汎化（generalization）という用語を用います。汎化とは、より汎用的にする、より抽象的にすると考えてください。継承の場合はスーパークラスを継承してサブクラスになりますが、汎化の場合はサブクラスを汎化するとスーパークラスになるので、方向が逆になってしまいます。また、汎化の反対として、**特化**（specialization）という用語が UML にあります。特化が汎化の反対なら継承と同じ方向になるのはおわかりですね？

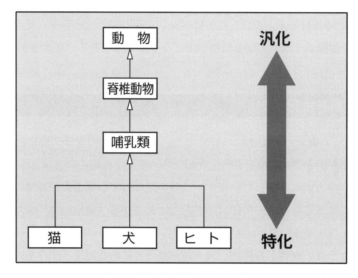

図10-3●汎化と特化、そして継承

　汎化の方向と白い三角の矢印の方向は一致しています。このように UML では一般的でない特化されたクラスをまず想定して、そこからより一般的なクラスを抽出していくというアプローチが根底にあります。それに対して継承はその逆のアプローチなわけです。この講義においては用語としては継承を使用していきます。

可視性

可視性（visibility）もカプセル化を実現するためのサポートをしています。可視性とは、クラスの属性や操作が他のクラスから参照可能かを決定することです。なお他のクラスとは継承したクラスも含まれます。もし参照できないなら、その属性の状態を知ることはできないし、その操作を実行することもできません。

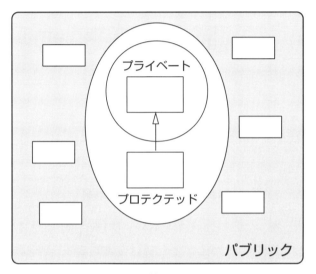

図10-4●可視性の3つのレベル

可視性には、プライベート（private）、プロテクテッド（protected）、パブリック（public）の3段階のレベルが設けられています。プライベートは、自分自身のクラスだけが参照可能です。つまり、属性は自分自身の操作によってのみ変更可能で、操作は自分自身の操作からしか実行できません。すべてが自分のクラスだけで完結することになります。

プロテクテッドは、自分自身に加えて自分自身を継承したサブクラスからも参照できます。そのため継承の関係にないクラスからは依然として参照はできません。最後にパブリックですが、これはすべてのクラスから参照可能であることを示しています。

そんなの面倒だから全部パブリックにしておけば問題ないでしょ、と思うかもしれません。しかし可視性はカプセル化のためにあることを思い出してください。**可視性に3つのレベルがあるのは、そのカプセル化のレベルをきめ細かく指定するため**にあります。けっ

しておせっかいではないのです。

　続いて可視性をUMLで表記する方法です。属性や可視性の名前の前にプライベートなら「−」、プロテクテッドなら「#」、パブリックなら「+」をつけます。これは3種類しかないので覚えてください。

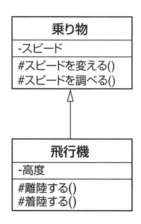

図10-5●UMLでの可視性の表記

　図10-5では、「乗り物」クラスと、それを継承した「飛行機」クラスがあります。「乗り物」クラスの属性の「スピード」は、プライベートに設定されてるので、「飛行機」クラスからは、たとえ継承していても「スピード」属性は参照できません。このとき現在のスピードを知るにはどうすればいいのでしょうか？　例えば、「飛行機」クラスで「離陸する」操作がありますが、離陸するにはある一定の速度が出ていないと離陸できません。そのため、離陸する操作では現在のスピードを知る必要があります。

　そういったときのために、「乗り物」クラスではプロテクテッドに設定されている「スピードを調べる」操作があります。同様に、「スピードを変える」操作もあります。プロテクテッドですから、「飛行機」クラスから利用することに問題はありません。このように、**プライベートの属性を参照するためにプロテクテッドの操作を用意する**のは実際の設計でもよくお目にかかることがあります。

　それでは図10-5を使ってふたつほど練習問題を出しましょう。

> 問1● 「飛行機」クラスが持つ属性と操作の数を述べよ。
> 問2● 『「飛行機」クラスの属性に高度があるが、「乗り物」クラスにあってもいいのではないか？ 飛ばない乗り物だとしたら、その属性は結果として使用しなければいいだけだから』という意見に対して論じよ。

　問1は重要な問題です。正解は属性は2つ、操作は4つです。属性は1つ、操作は2つと解答した人は見事にひっかかっていますね。サブクラスの属性と操作はスーパークラスの属性と操作をすべて継承しているという原則を思い出してください。この問題はそのことを忘れていないかをチェックする問題です。

　問2ですが、サブクラスで必要となる属性をスーパークラスに盛り込んでおくのは良くない設計の典型です。その属性は、スーパークラスの中では扱いきれないので、全く利用価値がないからです。これはカプセル化の考え方に反します。さらに、その属性はサブクラスから参照可能にするために、プライベートにすることはできません。

　もしプライベートにするなら、スーパークラスにその属性を参照するようなプロテクテッド、あるいはパブリックの操作を追加する必要があります。最初からサブクラスにあれば、こういった問題は発生しません。

　わざわざ手間を増やすようなことは無駄ですし、クラス設計においては**属性はなるべくプライベートにするに越したことはない**というカプセル化の考えから生まれた規範的な考えがあります。以上の点から適切なクラスに属性を設けるのがよいとの結論になります。

抽象クラスとはなんぞや？

　継承を考えるなら**抽象クラス**（abstract class）を抜きにできません。**抽象クラスとは、オブジェクトを生成できないと定められたクラスのこと**です。先ほどの例で登場した「乗り物」クラスと「飛行機」クラスで、「乗り物」クラスを抽象クラスにすることが可能です。UMLで抽象クラスだと表記するには、クラス名をイタリックの字体にします。

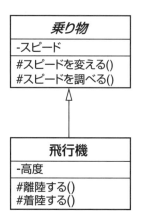

図10-6●抽象クラスのUMLでの表記

　この結果、「乗り物」クラスのインスタンスは一切存在しないことが保証されます。この場合における「乗り物」クラスの存在はサブクラスの「飛行機」クラスがあればこそ意味があることになります。ただ、「飛行機」クラスは「乗り物」クラスの属性と操作をすべて含んでいるので、「乗り物」クラスの登場する機会がなくなったわけではありません。

　次の講はいよいよオブジェクト指向3原則のトリを飾るポリモーフィズムです。抽象クラスはポリモーフィズムとも関係してくるので、そこで改めて続きを説明します。

オブジェクト指向3原則（3）
—ポリモーフィズム

第11講

1本でもニンジン

ポリモーフィズム（polymorphism）という単語は、生物学の専門用語でよく用いられるそうなのですが、おそらく初めて耳にした人がほとんどではないかと思います。日本語に訳すと多型とか多態性、あるいは多相性といった訳語になります。オブジェクト指向の世界で用いられるポリモーフィズムの意味は以下のように説明できます。

> ポリモーフィズムとは、オブジェクトがひとつであるにもかかわらず複数の形を持っていること

「いっぽんでもニンジン」という歌が昔ありましたが、ここではシャレですむ問題ではありません。ポリモーフィズムを語るうえで、欠かせないのが継承です。実はポリモーフィズムは継承あってのポリモーフィズムなのです。

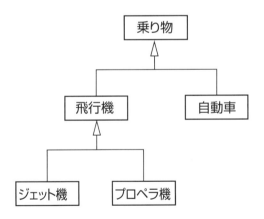

ジェット機は飛行機、そして乗り物でもある！
図11-1●継承とポリモーフィズム

第11講

　図11-1での「ジェット機」クラスは「飛行機」クラスのサブクラスです。さらに、「飛行機」クラスは「乗り物」クラスのサブクラスでもあります。もうこのくらいのことはクラス図を見ればわかりますよね？　さて、この継承関係からわかることは、ジェット機は飛行機であり、乗り物でもある、ということです。つまり、「ジェット機」クラスのインスタンスは、「飛行機」クラスのインスタンスともいえるし、「乗り物」クラスのインスタンスともいえます。このことがひとつのオブジェクトであるにもかかわらず複数の形を持っていることにつながってきます。

ポリモーフィズムの目的と効果

　では、ひとつのオブジェクトが複数のオブジェクトの姿を見せることに、何か利点はあるのでしょうか？　その答えの前にもうひとつ前提として説明すべきことがあります。

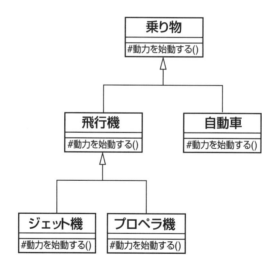

図11-2●継承しているクラス間で操作が一致

　図11-2ではクラスの操作が表記されています。ここで注目すべきなのは、すべてのクラスに共通して動力を始動する操作がある点です。実際には自動車とプロペラ機、ジェット機とそれぞれのエンジンをかける動作は異なっていても、動力を始動する操作という点では一致しています。

つまり、**異なるクラスの間である操作名が一致している状態**なわけです。これは同じ操作なのに、実際に行われる内容はクラスごとに異なることを意味しています。また別な見方をすれば、同じ操作を行うためにメッセージを送信したら、そのメッセージを受けて操作を行うクラスは可能性として複数あることになります。

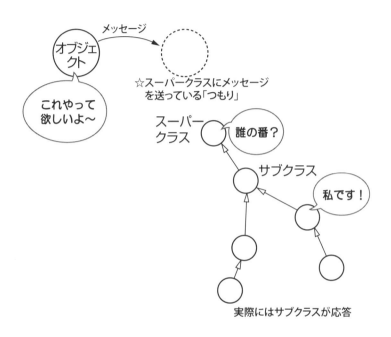

図11-3●ポリモーフィズムのメリット

このときメッセージを送信する側は、メッセージを送る対象となるクラスを、操作名が一致しているクラスの中のスーパークラスだと想定すればいい決まりになっています。つまり、**メッセージを送る側は、そのメッセージを送る対象となるオブジェクトがどのクラスのインスタンスかを意識しなくてもいい**のです。

常に、それらのスーパークラスのインスタンスに対してメッセージを送ることにしておけば、自動的にメッセージを送る対象となるオブジェクトがどのクラスのインスタンスかを調べて、しかるべきクラスの操作が行われるようになっています。これは図11-2の例で説明すれば、「ジェット機」クラスのインスタンスは「飛行機」クラスのインスタンスでもあり、「乗り物」クラスのインスタンスでもあることから可能になっているわけです。

そして、こういった決まりをあつらえるのは、ポリモーフィズムの性質をうまく活用す

第11講

るための方便であり、きちんとしたメリットがあるからです。そのメリットとは、メッセージを送る側で処理を統一できる点です。このクラスだったらこうして、あのクラスだったらああして、といった分類作業はメッセージを送る側では必要ありません。さらに、たとえ新たに同じ操作名を含むサブクラスを加えたとしても、メッセージを送る側で処理の内容を変更する必要がない点です。このことは、自由に機能拡張することが容易であることを意味しています。

ポリモーフィズムと抽象クラス

　抽象クラスはポリモーフィズムによってきちんとした活用の場が与えられます。抽象**クラスがスーパークラスになる運命**にあるのは、少し考えればわかるでしょう。そして抽象クラスには、操作を定義するときに独特の**抽象操作**（abstract operation）を定義できます。抽象操作とは、操作名、パラメータ、戻り値のみを定義し、実際にどんな処理を行うかをわざと定義しない操作のことです。抽象操作を定義することで、実際に操作内容はサブクラスの同じ操作の定義に任せたことになります。

　もしサブクラスでも、そのスーパークラスで抽象操作として定義された操作の処理を明示的に定義しなかったら、**そのサブクラスは抽象クラスとして扱われます**。つまり、オブジェクトを生成することができません。このように抽象操作を定義することで、サブクラスでちゃんと操作に対して処理を定義する約束をさせることができるのです。

　こうして抽象クラスを用いれば、サブクラスに対して「こういった操作がある」という骨格を示すことができます。そして抽象クラスを定義する段階では、実際の操作の内容まで考える必要がないので、操作とその内容とを切り離して考えることができます。うまく抽象クラスを利用すれば、柔軟で簡潔な設計が可能になります。おそらく、抽象クラスがうまく使いこなせるようになれば初心者を脱出して中級者の域に達したと考えてもよいでしょう。

　それではいよいよ次の講から実際にJavaによるプログラミングの学習を開始します。これまでの学習内容をふまえて精進していただきましょう。

第2部

きちんとJavaの基礎を学ぼう

Javaの基本的文法を段階的に講義していきます。一歩一歩着実にマスターしていきましょう。

Java言語概論
―プロフィールを知っておこう

Javaのあらまし

　まずJava言語の歴史をお話ししましょう。今でこそJava言語は非常に注目されるプログラミング言語ですが、そもそもは、1991年にアメリカのサン・マイクロシステムズ社で開発が始まりました。その当時はJavaという名前ではなくOakと呼ばれていました。そのプロジェクトが立ち上がった目的は、家電製品の制御に最適なプログラミング言語を開発することでした。そして、Javaと名称が変更され、インターネット環境に対応できるという触れ込みで、Javaの正式バージョンが発表されたのが1996年のことです。

　当時は、Javaの持つ**アプレット**（applet）と呼ばれる機能が注目を浴びました。これはホームページを見るのに使うブラウザで動作します。当時はフラッシュなんかありませんでしたので、アプレットを使えばアニメーションでも何でも可能だということで、一種の流行となりました。その弊害として、「Java＝ホームページでアニメーションをやったりするのに使う」という曲解ともいえる評価が定着してしまったのです。

　そもそもJavaはれっきとした高級言語の一種ですが、他の主要な高級言語がおおかた1970年代に登場しているのと比べると、Javaは非常に新しい言語です。そのため、**Javaは既存のプログラミング言語の長所を取り込みながら、オブジェクト指向の考えもストレートに実現した本格的プログラミング言語です**。しかし、Javaが登場した頃は実力とはかけ離れた評価を受け続けていたというのが事実です。またそのころは、オブジェクト指向に対する現場レベルでの評価が定まっていなかったのも原因といえるでしょう。

　その風向きが変わり始めたのはJavaの新バージョンが発表された1998年からです。Javaのバージョンは Java プログラムを開発し、実行するための JDK（Java Development Kit）のバージョンで表わします。1998年に発表されたバージョンは1.2で、そのバージョンの前にJDKバージョン1.1もありましたが、そのときとは比べものにならないほどの注目を集め、現在のJavaの評価につながっていきました。事実、サン・マイクロシステムズ社はJDKバージョン1.2のことを「Java2」と呼んでいます。前のバージョンと比べた具体的な拡張内容はここでは触れませんが、ブラウザの中に限らず、一般的なアプリケーショ

ンを作成するのに耐えうる機能と性能を持っています。

そして 2016 年 1 月現在では、JDK の最新バージョンは 8.0 です。Java が登場して 20 年が経ち、数々の機能追加がなされてきました。本講義ではバージョン 8.0 を用いて進めていきますが、すべての機能を網羅して解説するわけではないのはあらかじめご了解ください。

Java とコンパイラ、あるいはインタープリタ

Java はコンパイラとインタープリタを併用しているプログラミング言語です。最初に作成したプログラムを**コンパイル**（compile）します。コンパイルは、コンパイラに変換作業をさせることを指します。第 4 講では、コンパイルすると機械語のプログラムが作成されると説明しましたね。

ですが、Java の場合は少し違っています。Java 言語のコンパイラを **Java コンパイラ**（Java Compiler）と呼びますが、Java コンパイラが作成するのは、直接 CPU が理解できる機械語のプログラムではなく、擬似的な機械語のプログラムです。この擬似的な機械語のことを **Java バイトコード**（Java Byte Code）と呼びます。バイトコードと呼ぶ理由は、生成された命令が、ひとつあたり 1 バイトで収まる設計だからです。それに対して通常の機械語命令は 1 バイトでは収まりません。

そして Java バイトコードで記述されたプログラムを実行させるためのインタープリタである **Java VM**（Java Virtual Machine）と呼ばれるプログラムに Java バイトコードを実行させます。Java VM はバイトコードのプログラムを逐一解釈して処理を行っていきます。Java VM は実行環境に応じて用意されているので、例えばウインドウズ版、マッキントッシュ版では、Java VM 自体は異なっています。

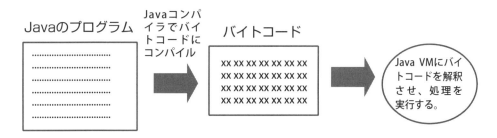

図12-1●Javaでのプログラムの実行メカニズム

第12講

　この仕組みの目的は移植性や互換性を確保することです。Java のスローガンに、"Write One, Run Anywhere" があり、一度 Java でプログラムを作成すればどんな環境でも実行できるという触れ込みで、実行環境による違いを Java VM によって吸収しているのです。Java はインタープリタのみだと実行速度の面で不利になるし、コンパイラのみだと移植性が損なわれるといった事情を考慮して、両者を組み合わせることでバランスを取っています。

　ただし、実際には動作速度の向上のため、Java VM 内部でバイトコードを動作するマシンで実行可能な機械語にさらにコンパイルすることが行われます。これを JIT（Just-In-Time）コンパイラと呼びます。

Java はオブジェクト指向の貴公子

　Java にはオブジェクト指向の考え方が至るところに登場します。**実際に、オブジェクト指向の領域の概念を全く登場させないでプログラミングを行うことは Java では不可能です。**他のプログラミング言語でオブジェクト指向の考えを取り入れているとしても、オブジェクト指向を利用しないでプログラミングすることが可能な言語はたくさんあります。そういった言語はもともとオブジェクト指向ではなかったのに、後からオブジェクト指向の概念を追加して拡張したといういきさつがあるからです。

表12-2●そのプログラミングはオブジェクト指向的ですか？

言語名	説明	オブジェクト指向へのスタンス
FORTRAN	高級言語の元祖。科学技術計算を主目的としている。	最近ではオブジェクト指向を意識した機能拡張がなされている。
BASIC	手軽にプログラミングが可能。マイクロソフト社が Visual Basic として高度に機能を拡張。	Visual Basic がバージョンアップしていく中で、オブジェクト指向の機能も追加されていった。
PASCAL	プログラミング教育用言語が由来。厳格で構造的な文法が特徴。	ボーランド社がオブジェクト指向的な機能を追加して、Object Pascal（Delphi）を設計。
COBOL	事務処理用の言語。伝票の処理等に適した構造になっている。	最近ではオブジェクト指向を意識した機能拡張がなされている。
C	システム記述用として登場。シンプルかつ高機能を両立。	オブジェクト指向的な機能拡張は行われず（それは C++ で実現）。

言語名	説明	オブジェクト指向へのスタンス
C++	Cの文法にオブジェクト指向の機能を拡張。	オブジェクト指向的ではないスタイルも許容しているので、しばしば混乱の原因となる。
C#	C++の文法をマイクロソフト社が独自に整理し、さらに機能を拡張し、より洗練された言語として設計された。	より洗練されたオブジェクト指向を実現できるように設計。
Perl	テキスト処理に優れた言語。ウェブのCGIではよく利用される。	最近のバージョンではオブジェクト指向を取り入れた機能拡張がなされている。
Ruby	Perlと目的は似ているが最初からオブジェクト指向を意識して設計されている。	Perlよりもさらにオブジェクト指向を前提とした構造になっている。
Smalltalk	完全なオブジェクト指向プログラミング言語を目指して設計された。	骨の髄までオブジェクト指向を体現している点では、真のオブジェクト指向言語といえる。
Java	コンパクトで、移植性が高くなるよう設計された言語。文法的にはC++を研究して設計している。	C++を意識しながらも、より洗練されたオブジェクト指向を実現できるように設計。
Scala	Javaの文法をさらに洗練させ関数型言語（本書では説明を略）の概念を導入した言語。コンパイルするとJavaバイトコードに変換される。	オブジェクト指向に関してはJavaと同等。
JavaScript	ウェブのHTML内に埋め込んで利用する。名前に関わらず、実はJavaとは全く関係がない言語。ウェブブラウザで唯一インストールなどの準備なしで動く言語なので最近は使用例が多い。	オブジェクト試行的な機能はあるが、独特な言語設計を持つ。

　それに対してJavaは根底からオブジェクト指向の考えを取り入れています。他の言語と比べてもひけをとらない、むしろ洗練された形でオブジェクト指向を実現しています。

第12講

Javaプログラミング・予告編

さて、実際にJavaで記述された非常にシンプルなプログラムを見てもらいましょう。

リスト21-1

```
01:   class FirstProgram {
02:     public static void main(String args[]) {
03:       System.out.println("This is a pen.");
04:     }
05:   }
```

これは、画面に "This is a pen." と表示するだけのプログラムです。たった5行だけですね。ここではこのプログラムについての具体的な説明はしませんが、最低限わかることがあります。

- 眺めてみると英単語がところどころに見つかるぞ！(例:class, public, mainなど)
- { } で何かを囲っているみたいだ！
- 結局なんだかんだ文字ばかりで矢印を引っぱったりとか図が出てきたりはしないな！

ということです。

そんなわけでJavaのプログラムは、英単語やら、記号やらを組み合わせていますが、結局は文字の集まりであることに間違いはありません。そして、構成されている文字で意味のない文字はありません。裏を返せば、部分部分の意味を検討すると、そのプログラムがどんな処理をしているのかがわかるはずです。

次の講ではこのサンプルプログラムをコンパイルして実行させてみることを目標にします。実行させるには皆さんのマシンでJavaが利用できるようにする必要があります。まずは、Javaの環境を整えることから始めましょう。

Java のダウンロードとインストール
—準備は OK?

第 13 講

　まず、Java でプログラムを作成できる環境を整えるために必要なアプリケーションをダウンロードするサイトに移動します。本書を執筆した時点では、「http://www.oracle.com/technetwork/articles/javase/index-jsp-138363.html」なのですが、変更される可能性もあるので、Google で探す方法を紹介します。

　「oracle java se download」というキーワードで検索すると、上位に「Java SE - Downloads」、あるいはそのようなタイトルのサイトが表示されるはずです。日本語のサイトも検索されて出てきていますが、結局英語のサイトに誘導されるだけですので、英語のサイトをクリックして移動することにします。

図13-1●Googleでダウンロードサイトを検索する

第13講

　移動したページでは最新版としてJavaのバージョン8が公開されていますので、これをダウンロードしましょう。

図13-2●ダウンロードサイトのトップページ

　アプリケーションの使用条件を許諾する必要がありますので、「Accept License Agreement」にチェックを入れてください。

図13-3●アプリケーションの使用条件を許諾する

ページの表示が変わりました。こうしないとインストーラーアプリケーションをダウンロードすることはできません。お使いのマシンのOSに合わせてダウンロードするファイルを決めてリンクをクリックして、インストーラーアプリケーションをダウンロードしてください。今回は「8u66」バージョンをダウンロードします。このバージョンは執筆作業時（2015年12月）の最新のバージョンとなりますので、これより新しいバージョンが提供されているならば、読み替えてそのバージョンを選択するようにしてください。

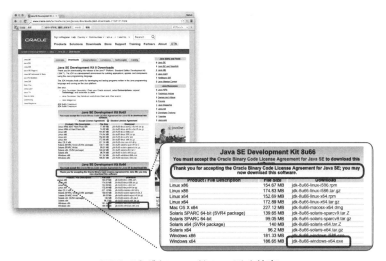

図13-4●ダウンロードファイルを決定

Windows 8でのインストール方法

ダウンロードしたファイルを実行させると、インストーラーアプリケーションを実行させて良いか確認してくる場合がありますので、その場合は、「はい」を押してください。これより先 Mac OS X の場合は画面の状況が異なってきます。よって Mac を使っている読者の方は後の説明をご覧ください。

図13-5●インストーラーアプリケーションの実行を許可する

インストーラーアプリケーションの最初の画面が表示されますので、「次へ」ボタンを押します。

図13-6●インストーラーアプリケーションの開始

インストールフォルダはあらかじめ指定されている場所にしますので、そのまま「次へ」ボタンを押します。

図13-7●JDKのインストールフォルダ

しばらく処理が続きますので、待ちましょう。

図13-8●インストール準備中

さらに別のダイアログが開かれて改めてインストール先のフォルダを聞いてきますがそのまま「次へ」を押します。

図13-9●コピー先フォルダの確認

インストール処理が開始されますので、ここでも少し待ちましょう。

図13-10●インストール処理中

インストールが完了しました。

図13-11●インストール完了

次にJavaのコマンドを使えるようにするためにWindowsではパスの設定が必要です。「コントロールパネル」を起動します。

図13-12●コントロールパネルを起動

第13講

「システムとセキュリティ」を選択します。

図13-13●システムとセキュリティを選択

「システム」を選択します。

図13-14●システムを選択

「システムの詳細設定」を選択します。

図13-15●システムの詳細設定を選択

「環境変数」ボタンを押してください。

図13-16●環境変数ボタンを押す

「システム環境変数」の「Path」環境変数をマウスで選択してから「編集ボタン」を押します。

図13-17●Path環境変数を編集

「システム変数の編集」ダイアログが表示されます。

図13-18●システム変数の編集

ここで変数値に

　　C:¥Program Files¥Java¥jdk1.8.0_66¥bin

というパス文字列を追加します。この変数値は複数のパスを設定する場合にはセミコロンで区切られていることに注意してください。

　たとえば、既存の設定が次のようになっているとします（編集ボックスのところでコピーして、例えばメモ帳にペーストするとよくわかります）。

C:¥Windows¥system32;C:¥Windows;C:¥Windows¥System32¥Wbem;C:¥Windows¥System32¥WindowsPowerShell¥v1.0

この場合は、

C:¥Windows¥system32;C:¥Windows;C:¥Windows¥System32¥Wbem;C:¥Windows¥System32¥WindowsPowerShell¥v1.0;C:¥Program Files¥Java¥jdk1.8.0_66¥bin

と設定すれば大丈夫です。

ただし、お使いになっているマシンにインストールされているアプリケーションによっては、独自にJavaの実行環境をインストールしてパスの設定にも反映させている場合があります。しかもバージョンの違うJavaであることも多く見受けられます。そういった場合は、JDKのパスの設定を先頭に持ってきてみてください。例えば、次のようになります。

C:¥Program Files¥Java¥jdk1.8.0_66¥bin;C:¥Windows¥system32;C:¥Windows;C:¥Windows¥System32¥Wbem;C:¥Windows¥System32¥WindowsPowerShell¥v1.0;……（さまざまなパス設定が続きJavaのパスも含まれる）……

編集が終わったら、「OK」ボタンを必ず押してください。

さらに、**「環境変数」ダイアログにおいても「OK」ボタンを必ず押してください**。そうしないと、せっかく行ったパス設定が有効になりません。

図13-19● 「OK」を必ず押して設定を有効にする

第13講

では、Javaが使えるか確認してみましょう。「コマンドプロンプト」を起動します。

図13-20●コマンドプロンプトを起動

「javac -version」とコマンドを入力してからエンターキーを押して実行させてください。下記のように表示されればOKです。

図13-21●Javaのバージョン確認

うまく表示されない場合はパスの設定が間違っていることが考えられます。コマンドプロンプト上で「PATH」と入力してエンターキーを押すと、その時点でのPATH環境変数が表示されますので、意図した設定になるか確認してください。

なお、コマンドプロンプトをすでに起動している場合には、コントロールパネルでPATH環境変数の設定を変更した後は、必ずコマンドプロンプトを一旦閉じてください。

そして改めてコマンドプロンプトを起動するようにしましょう。そうしないと設定したPATH環境変数がコマンドプロンプトに対して有効になりません。

Mac OS Xでのインストール方法

Mac OS Xで環境を整える場合は、Windowsとは若干インストールの手順が異なる箇所がありますので、違いを解説します。あらかじめWindowsでのインストール方法の内容は把握しておくようにお願いします。

Mac OS Xの場合はダウンロードしたファイルを開くと解凍されて、インストーラーアプリケーションのパッケージファイルが利用できるようになります。よって、このファイルを開いてインストーラーアプリケーションを実行させます。

図13-22●ダウンロードしたファイルを解凍する

インストーラーアプリケーションが起動されますので、「続ける」ボタンを押します。

図13-23●インストーラーアプリケーションの起動

インストールする場所は変える必要が基本ありませんので、そのまま「インストール」ボタンを押します。

図13-24●インストール先を設定

ユーザーアカウントに対するパスワードを聞かれますので、入力します。この場合のアカウントは管理者権限である必要があります。

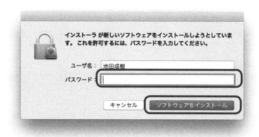

図13-25●パスワードを入力

インストールが始まりますので、終了するまでしばらく待ちます。

図13-26●インストール処理中

次の画面が表示されればインストールは完了です。

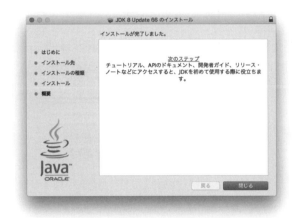

図13-27●インストール完了

ターミナルで javac コマンドを起動させてみましょう。これで Java がインストールできていることが確認できます。

図13-28●Javaのバージョン確認

第14講 変数と型
—メモリへの窓口

変数はメモリへの唯一の接点

プログラムを実行するのに、メモリを利用するのは必須です。まさにメモリは使ってなんぼなわけですから、さっそくその利用法について説明しましょう。Javaでメモリを利用する手段はたったひとつしかありません。それは、**変数**（variable）を利用することです。**変数はメモリに対して唯一、アクセスする方法です。**

本来メモリにアクセスするには番地を指定しなければいけないのは、第3講ですでに説明しましたね。Javaを含む高級言語では、変数の概念を導入することで、番地の割り振りや指定を気にしなくてもいいようになっています。

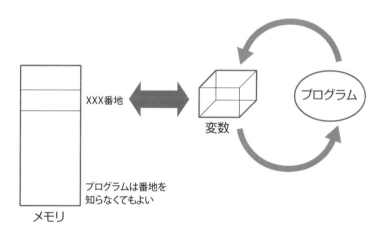

図14-1

そして変数では番地を指定せずに名前をつけることで、いくつもある変数の識別を行います。これは、赤ちゃんが産まれたら名前を付けるのと同じことですね。変数の名前のことをJavaでは**識別子**（しきべつし：identifier）と呼んでいます。たまに、「しきべつこ」と読む人がいますが、間違えないようにしてください。識別子を考えるときには次の規則があります。

第14講

- 識別子に使える文字は半角文字の英字・数字・アンダースコア（_）に限定される。ただし「$」も使用可能だが、コンパイラが内部的に自動作成する識別子に使用されるので、通常のプログラムでの使用は推奨されない。漢字等の文字を使用することも可能だが、本書では除外する
- 英字を使用したとき、大文字と小文字は別の文字として扱われる
- 数字で始まる識別子は認めない
- キーワード（keyword）と呼ばれる、Javaの文法で予約されている単語とtrue・false・nullの3つの単語は識別子に使用できない。ただし他の文字を含めば問題ない（例：final1、long_char）
- 以上の規則を守れば識別子の長さに制限はない

Javaの文法で定められているキーワードは以下のようになります。実際には使用されていないものもいくつかあります。本講義を読み終えるころには、ほとんどすべてのキーワードの意味が明らかになっていることでしょう。

表14-2

abstract	assert	boolean	break	byte
case	catch	char	class	const
continue	default	do	double	else
extends	final	finally	float	for
goto	if	implements	import	instanceof
int	interface	long	native	new
package	private	protected	public	return
short	static	strictfp	super	switch
synchronized	this	throw	throws	transient
try	void	volatile	while	

変数には必ず型がある

変数に識別子をつけて命名するだけではいけません。さらにどんな値を扱うかを決定する必要があります。この値の種類のことを**型**（type）と呼びます。変数を利用するにはあらかじめこの型を決定しておく必要があります。Javaには、以下に示す基本形と呼ばれる型があります。

表14-3

型の名称	型が使用するビット数	値の範囲	説明
boolean	1ビット	true または false	真偽値
char	16ビット	¥u0000 〜 ¥uFFFF	Unicode規格の文字
byte	8ビット	−128 〜 127	符号つき整数
short	16ビット	−32768 〜 32767	符号つき整数
int	32ビット	−2147483648 〜 2147483647	符号つき整数
long	64ビット	−9223372036854775808 〜 9223372036854775807	符号つき整数
float	32ビット	± 3.40282347E+38 〜 ± 1.40239846E−45	浮動小数点数
double	64ビット	± 1.79769313486231570E+308 〜 ± 4.94065645841246544E−324	浮動小数点数

これらの基本形に加えてクラスのインスタンスを扱うための型などがありますが、後の講で随時説明します。それと、char型については第16講、boolean型については第18講で説明します。この講では普通の数値を扱う型に関して説明することになります。

まず、符号つき整数を扱うbyte型、short型、int型の3つの型ですが、それぞれ使用するメモリのサイズが異なっているため、扱える数値の範囲も異なります。それと、これらはメモリに2進数で保存されますが、負の値も扱えます。2進数で負の値を表す方法があり、**2の補数**（two's complement）を取ると呼びます。これは、正負の符号を表すために最上位のビットを1つ使います。byte型は8ビットなので、最大値は255のはずですが127になっているのはこのためです。

第14講

2の補数の求め方は以下のようになります。

> 1. すべてのビットの0と1を反転させる（これを1の補数（ones complement）を取ると呼ぶ）
> 2. 1を加える

試しに−1を求めてみましょう。1の2の補数を取ればいいわけですから、8ビットで考えて、「00000001」をまず反転させると、「11111110」になります。これに1を加えると、「11111111」になります。よって、−1は2の補数で表現すると「111 11111」になります。少なくとも、最上位のビットが1ならばその数は負の数であるといえます。

次に小数を扱える float 型と double 型ですが、値の範囲の所にEという記号があります。これを**指数**（exponent）表示と呼びます。これは数値を表すのに 10 のべき乗を利用したもので、例えば、float 型の最大値は 3.40282347E+38 です。これは、$3.40282347 \times 10^{38}$ のことです。また、**浮動小数点**（floating point）とは、メモリに保存するときにその値を $1.\bigcirc \times 2^{\square}$ という形式に変換し、○と□を保存する形式のことです。こうすることで、小数や非常に大きい数を扱えますが、整数よりは処理速度が落ちるのと、どうしても変換や演算の際に**丸め誤差**（round off error）と呼ばれる誤差が発生します。通常は無視できるほどの誤差ですが、科学技術計算や計算を繰り返すときには問題になることがあります。

少し難しい話もありましたが、変数を利用するには型を選択する必要があり、**型を選択することでメモリの使用サイズが決定される**ことだけはポイントとして忘れないでください。

変数の宣言

さて、ついに変数を使う方法を説明します。例えば int 型の変数 i を宣言するには Java のプログラムで以下のように記述します。

```
int i;
```

型の名前の後に最低ひとつのスペースまたはタブ文字で区切って識別子を記述します。複数のスペースで区切ってもいいのですが、本書の説明ではスペース 1 つに統一します。こういった連続したスペース、改行、タブ文字のことを**ホワイトスペース**（white space）と呼びます。これには**全角のスペースは含まれない**ことに注意してください。

このように変数を利用するのに、型名と識別子を記述することを変数を**宣言**（declaration）すると呼びます。そして最後のセミコロン（;）ですが、これはひとつの文の終わりを示します。日本語の文章で文の終わりが「。」になっているのと同じ理由です。**変数の宣言はひとつの文である**というのが Java の文法で決まっているので、この場合セミコロンがないとエラーになってしまいます。

また、ひとつの型で複数の変数を宣言する方法もあります。この場合には識別子をカンマで区切ります。カンマと識別子の間はホワイトスペースがあっても大丈夫です。

```
int a,b,c;
int a, b, c;
```

上の例は、どちらも int 型で識別子 a、b、c の変数を宣言しています。

変数に値を設定

次は宣言した変数に実際に値を設定する方法を説明します。このことを変数に値を**代入**（assignment）すると呼びます。代入を行うには、次のように「=」で表される**代入演算子**（assignment operator）を使います。

第14講

```
i = 100;
```

　代入演算子は右辺の値を左辺に設定する機能を持っています。これも「=」の両端にホワイトスペースがあってもかまいません。また代入する方向は右から左に決まっているので、この場合「100 = i」ではいけません。また、宣言の時と同じでひとつの文となるので、セミコロンを忘れないでください。
　変数に初めて値を代入することを初期化（initialization）と呼びますが、変数の宣言と代入をひとつの文で行うこともできます。

```
int i = 100;
```

　変数を宣言して一度も値を代入しないでその変数を使おうとすると、コンパイルのときにエラーになってしまいますが、初期化しておけばその心配はなくなります。

当面のお約束

　それでは、実際にサンプルプログラムで変数を使ってみましょう。サンプルプログラムは次のようになります。

リスト14-1

```
01: class Sample1401 {
02:   public static void main(String[] args) {
03:     int a;
04:     int b = 10;
05:     a = 200;
06:     b = 100;
07:     System.out.println("変数a");
08:     System.out.println(a);
09:     System.out.println("変数b");
10:     System.out.println(b);
```

```
11:    }
12: }
```

まず最初に注意する点があります。このプログラムを自分で編集して入力するときには、**行の最初の所にある数字とコロンは説明の都合でつけ加えているので、入力してはいけません。**行番号の表示は本書を通じて記載されているので、注意してください。

また、今は1行目と2行目がなんであるかの説明はしません。申し訳ありませんが、この説明をするのはだいぶ後ろの講になってしまいます。今のところは次のことだけを覚えておいてください。

- 1行目の class の単語と「{」の間にはそのプログラムファイル名から「.java」を取り去ったものが入る
- プログラムは2行目にある「{」と11行目にある「}」で囲まれた部分が実行される
- 最初に実行されるのはその「{」の直後の行
- それからは順番に次の行が実行される
- 7行目の System.out.println はカッコで囲まれた中に「"」で囲まれた文字の並びが記述されているが、その文字の並びを画面に出力する命令である
- 8行目の System.out.println はカッコで囲まれた中に変数の識別子が記述されています。これは、その変数の現在の値を画面に出力する命令である

今回お茶を濁したことはいずれ明らかになってきます。これで最後にしますが、コンパイルと実行の手順を教えましょう。サンプルプログラムのソースファイルがあるディレクトリで、以下のコマンドを実行します。

```
javac Sample1401.java ⏎
java Sample1401 ⏎
```

うまく実行できましたか？ もう今後はコンパイルと実行については触れませんので、ちゃんとできるようにしておいてください。それでは実際の処理の中味を見ていきま

第14講

しょう。

　3行目はint型の変数、識別子はaを宣言します。ちょっとややこしいので、これからはint型の変数aを宣言しますというように「識別子は」を省略します。4行目はint型の変数bを10で初期化しています。5行目は変数aに200を代入しています。そして6行目では変数bに100を代入しています。

　6行目が実行されるまでは、変数bの値は5行目で初期化された値の10でした。6行目の代入処理でその値が更新されて100になったわけです。このように、**変数の値は代入されたそばから更新され、昔の値はもう復活することはできません。**

　続いて7行目では、さきほどの説明にあったように「変数a」と画面に表示します。8行目では変数aの値を表示します。この場合は200が表示されます。同様に8行目では「変数b」と表示され、9行目では変数bの値である100が表示されます。

　最後になりますが、このサンプルプログラムを見てそれぞれの行が何をしているのかをぱっと説明できるようにしてください。たとえば3行目だったら、**「int型の変数aを宣言している」**とパブロフの犬のように言えるようにしてください。

　「えーと3行目はーなんでしたっけー？」とやっているようでは、スキルアップは期待できません。今申し上げたトレーニングで頭の中に回路を作ってしまうのが近道だということを自信を持って断言します！

演算
―「電子計算機」だから計算は得意?

算術演算子は演算の基本

　電卓もコンピュータの一種といえますが、計算するのが専門です。Javaにおいても計算するのは可能ですが、電卓とは少し手順が違います。まずJavaでは、演算は**式**（expression）によって記述されます。式は**オペランド**（operand）と**演算子**（operator）で構成されます。オペランドとは演算の対象となる値であり、演算子は演算の種類を表すものです。演算子の種類によって必要となるオペランドの数が変わってきます。

　こんな説明をすると何か難しそうな感じがしますが、実際はそんなことはありません。この講では、基本的な演算を行う**算術演算子**（arithmetic operator）を説明します。算術演算子はいわゆる四則演算に毛が生えたものです。それでは算術演算子を以下の表に示します。

表15-1

演算子	説明
+	加算
-	減算（あるいは正負の符号反転）
*	乗算
/	除算
%	剰余
++	インクリメント
--	デクリメント
+=	加算代入
-=	減算代入
*=	乗算代入
/=	除算代入
%=	剰余代入

第15講

　例えば「10+20」でも立派な式となります。この場合は10と20のふたつがオペランドです。あるいは変数を使ってもいいので、「i+10」でも式となります。また、「−」は同様に引き算を行いますが、オペランドひとつを取って正負の符号を反転させる演算子でもあります。例えば、「−4」や「−a」です。このようにひとつのオペランドで演算を行う演算子を**単項演算子**（unary operator）と呼びます。同様に「+」演算子のようにふたつオペランドを取る演算子を**2項演算子**（binary operator）と呼びます。式は演算の結果として値になりますので、代入と組み合わせて例として以下のような文を書くことができます。

```
i = i + 3;
i = a - b;
```

　そして乗算と除算は、数学で使う記号とは異なりますので注意してください。また、剰余とありますが、これは除算の余りを求める演算子です。次にインクリメントとデクリメントがありますが、これらは単項演算子です。インクリメントは1を加算し、デクリメントは1を減算します。これらの演算子はオペランドの前と後ろのどちらにでも記述できますが、正確には、実行結果が異なるケースがあります。下の例を見てください。

```
b = a++;   ---------------- (1)
b = ++a;   ---------------- (2)
```

　(1)では、まず変数aの値を変数bに代入します。それから、変数aの値に1を加算します。それに対して、(2)では、まず変数aの値に1を加算します。それから、変数aの値を変数bに代入します。結果として変数bに代入される値は異なっているのに注意してください。

　最後にある5つの演算子は代入演算子の一種です。そんなわけで、代入演算子は「=」だけではありません。新たに加わった代入演算子を、例えば「+=」で説明してみます。

```
i += 3;
```

これは、

```
i = i + 3;
```

と同じ意味です。残りの4つも同様です。

　最後に、算術演算子ではありませんが、数学と同様にカッコを使って演算の順番を優先することができます。通常は数学の時と同じで、**加算と減算は後回し**になりますが、カッコで囲えばその限りではありません。

```
i + j * 3   ------------ (1)
(i + j) * 3 ------------ (2)
```

　(1) ではjに3をかけて、その結果をiに加えます。それに対して、(2) では、iにjを加えてから3をかけます。以上が基本的な演算についての説明です。

数値リテラル

　今まで無意識に変数に値を代入するときに右辺に100とか10と書いてきましたが、これにも実はいろんな規則があります。まず、このような数値のことを**数値リテラル**（number literals）と呼びます。普通に記述された値は10進数として扱われますが、数値の先頭に0をつければ8進数、0xをつければ16進数として扱われます。例を挙げておきましょう。

```
123     ---------------------10進数
0123    ---------------------8進数
0x123A  ---------------------16進数（アルファベットは大文字でも小文字でも可）
```

　さらにそれに加えて規則があります。小数点が入っていない場合、つまり整数の値を示しているときは、通常その値はint型と見なされます。もし、int型ではなくて、long型と

第15講

して扱って欲しいときは、数値の後ろに「l」か「L」を付加します。または、小数点が含まれている場合は、その値は 10 進数でしか表せません。他の形式は不可です。

また、小数点や指数を含む値は double 型と見なされます。もし float 型として扱いたいなら、数値の後ろに、「f」か「F」を付加します。ちなみに、コンピュータ用語では、何かの前につけるものを**プレフィックス**（prefix）、後ろにつけるものを**サフィックス**（suffix）と呼びます。次の型変換では、この数値リテラルが少し関係してきます。

型変換

基本的に、代入を行うときに左辺と右辺の型が同じであれば問題がないのは予想できます。問題となるのは、同じでないときです。この場合に関しても Java ではきちんと規則が決まっています。その規則の基本は、**大は小を兼ねる**です。左辺の型が右辺の型より扱える値の範囲が広い場合、例えば double 型の変数に int 型の値を代入したり、long 型の変数に byte 型の値を代入する場合は、自動的に左辺の型に変換されて代入されます。これはよく考えてみると、筋が通っていることがわかります。

問題は逆に左辺の型が右辺の型より扱える値の範囲が狭い場合です。この場合は、コンパイルしたときにエラーになります。実際に右辺の値が左辺の型で扱える範囲の値と同じであったとしてもだめです。これは**実際の値を吟味するのではなく、単純に左辺と右辺の型を比べて判断します。**

ただし、方法がないわけではありません。**キャスト演算子**（cast operator）を使えば解決できます。キャスト演算子は型の名前をカッコでくくった構造をしています。次の例を見てください。

```
double d = 0.125;
int i = (int)d;
```

(int) がキャスト演算子です。このようにカッコの中で指定した型に値を変換してしまいます。ただし、小数を整数に変換したら小数点以下の値は失われてしまいます。この場合、i には 0 が代入されます。

続いて演算を行うときに違う型同士で演算した場合を考えてみます。この場合の規則は、**2つのオペランドの型を比べて、小さいほうのオペランドの型を大きいほうのオペランドの型に変換してから演算します。つまり、演算の結果の型は大きいほうの型になっています。**

ここでひとつ練習問題です。

> 問●以下の文で変数 d はどんな値で初期化されるか？
> 　　double d = 1 / 3;

0.333……と答えた人は見事に不正解です。1 を 3 で割るときの 2 つのオペランドはなんでしょうか？　数値リテラルで説明したことを思い出してください。原則として整数は int 型として扱われるのでしたね。int 型の値を int 型で割ったら答えも int 型ですよね。つまりこの場合は右辺の式の演算結果は 0 になります。そんなわけで正解は 0 です。では、きちんとした結果がでるようにするにはどう修正すればいいでしょうか？

答は、1 か 3 の数値リテラルを 1.0 や 3.0 のように小数点つきにすることで double 型として扱われるので、割り算の結果も double 型になります。または、キャスト演算子を使って (double)1 か (double)3 にします。

確認してみよう

最後にサンプルプログラムで実際に演算を試してみましょう。

リスト15-1

```
01: class Sample1501 {
02:   public static void main(String[] args) {
03:     int a = 20;
04:     int b = 10;
05:     a += b;
06:     double d = (double)a * b / 7;
07:     System.out.println("aの値");
08:     System.out.println(a);
```

```
09:        System.out.println("dの値");
10:        System.out.println(d);
11:    }
12: }
```

まず最初に 3 行目を見て、「int 型の変数 a を 20 で初期化」とぱっと浮かんできたでしょうか？ 浮かんでこなかった人は、もっとトレーニングが必要ですから何回も反復してください。4 行目と 5 行目はもうわかると思います。そして 6 行目ですが、キャスト演算子がなかったら、右辺の値の型が int 型になってしまうのは納得できますか？ もし納得できなかったら型変換のところに戻ってもう一度考えてみてください。

このプログラムの結果として、変数 a の値は 30、変数 d の値は 42.857142857142854 と表示されたと思います。いかがですか？もし時間に余裕があるなら、自分でプログラムを修正して、別の値や式で何度でも結果を確かめてみてください。

文字と文字列 —文字を扱うときのお作法

文字と文字列
—文字を扱うときのお作法

文字コードを知らずにプログラマにはなれない

コンピュータで文字を扱うときには、第 2 講で画像を数値に変換したのと同じように数値に変換して扱います。そのときの変換規則はきちんと決まっていて、一般に**文字コード**（character code）と呼ばれます。ただ問題なのは、その文字コードの種類がひとつではないことです。よって使われる環境や用途に合わせてさまざまな文字コードが使用されることになります。

プログラミングのときには、これらの文字コードの違いを理解しておくことが重要です。**文字コードの知識がまったくないならプログラマはつとまらない**、と言っても過言ではないでしょう。本当はきめ細かく文字コードのお話をしていると、それだけで 1 冊の本になってしまうくらいの内容があるので、ここでも必要最低限にとどめてお話します。

まず、最低限知っておかなければならない文字コードを以下に示します。

表16-1

文字コード名	使用バイト数	漢字の利用
ASCII	1	×
JIS X 0201	1	×
ISO8859	1	×
JIS	1 または 2	○
シフト JIS	1 または 2	○
日本語 EUC	1 〜 3 （ただし 3 バイトはまれ）	○
ユニコード	2	○
UTF-8	1 〜 6	○

ASCII（American Standard Code for Information Interchange）コードは、かなり初期のコンピュータから使用されていた文字コードです。特徴としては 7 ビットの文字コードなので、全部で 128 文字しかありません。よって、含まれる文字は基本的に英数字に限られま

す。また、フランス語などで使われるアクセントつきの文字も含まれていません。

JIS X 0201 は別名 JIS カタカナと呼ばれる文字コードです。これは ASCII コードを 7 ビットから 8 ビットに拡張し、増えた 128 文字分にカタカナを割り当てたものです。まだ漢字が表示できないころのコンピュータではかなり普及していた文字コードでした。

ISO8859 はさらに複数の文字コードに分かれています。基本的な考えは JIS X 0201 とおなじで、カタカナの代わりに各国独自の文字を割り当てています。それぞれの規格で東欧諸国やトルコ語に加えてアラビア語にまで対応していますが、西ヨーロッパ諸国の言語をカバーする ISO 8859-1、通称 Latin-1 がもっとも広く用いられています。

ここまでの文字コードは基本的に 1 文字で 1 バイトのメモリを使用します。そのため、最大で 256 文字しかありません。物理的に漢字などの文字を割り当てることはできないのです。そのため、1 文字を複数のバイトで表す文字コードが考え出されました。

いっぽう **JIS コード**は、インターネットで日本語のメールを送るときに利用されます。英数字は 1 バイト、漢字は 2 バイトで表すようになっています。特に英数字は ASCII コードと一致しているうえ、漢字の場合でも 2 バイト両方ともに 7 ビット分しか利用しないように工夫されているので、両方のコードを混在させることができます。

シフト JIS も英数字は ASCII コードと一致し、漢字は 2 バイトです。JIS コードとは異なり、漢字の場合は 2 バイトの両方とも 8 ビットを使います。ウインドウズやマッキントッシュで標準的に利用されているので、事実上一番多く用いられているといえるでしょう。

日本語 **EUC**（Extended Unix Code）は、UNIX という OS で一般的に用いられている文字コードです。英数字は ASCII コードと一致しますが、漢字については 2 バイト、もしくは 3 バイトで割り当てます。以上 3 つの文字コードは日本語を扱うための専用の文字コードです。ただし、最近では UTF-8 を用いることが多くなりました。

また、これまでに登場した文字コードは、英数字を表すときは 1 バイトの ASCII コードに一致させるように工夫されています。しかし、文字の種類によって 1 バイトだったり、2 バイトだったりします。これは、しばしば混乱を引き起こす原因となってきました。この問題を解決するために、世界中の言語で使われる文字をすべて最初から含む文字コードが考えられました。この文字コードが**ユニコード**（Unicode）です。

ユニコードはすべての文字を 2 バイトと定めています。そのため、他の文字コードとは互換性がありません。そのかわり、言語の違いを意識することなく文字コードを扱えるようになっています。Java では文字コードにユニコードを採用しています。ただし、**作成す**

るプログラムは利用している **OS の標準的な文字コードで保存する**のが原則です。

UTF-8 は最近 Web などで使われるようになってきました。ASCII コードに属する半角文字は 1 バイトのままで、その代わり漢字などは 2 バイトから 6 バイトに割りつけられます。

文字リテラルと文字列リテラル

次に、Java では文字というものはどう扱われるのかを説明していきます。Java ではひとつの文字のことを**文字リテラル**（character literal）と呼びます。文字リテラルの型は必ず char 型です。char 型は 2 バイトのメモリを使用し、ユニコードの文字コードを用いて文字をメモリに保存します。

実際に char 型の変数に文字リテラルを代入するには以下のように記述します。

```
char c1 = 'A';  ---------- (1)
char c2 = ¥u1234;  ----- (2)
```

（1）は「A」という文字をユニコードに変換して char 型の変数 c1 を初期化します。対象となる文字はシングルクオーテーション（'）で囲ってください。そして、（2）は 16 進数のユニコード「1234」で char 型の変数 c2 を初期化します。

文字リテラルは常に 1 文字を対象としていましたが、複数におよぶ文字を扱うこともでき、これを**文字列リテラル**（sring literal）と呼びます。文字列リテラルはダブルクオーテーション（"）で囲います。例としては、いままでのサンプルプログラムで、System.out.println("……"); となっていたのを思い出してください。"……" の部分は実は文字列リテラルだったわけです。文字列リテラルを変数で扱うには、クラスとオブジェクトを Java で利用する知識が必要ですが、第 41 講まで我慢してください。

特殊な文字

Java で使う文字には特殊なものがあります。それは、「¥」です。すでにユニコードを数値で表すのに、「¥u」というのを説明しましたが、同様に「¥」は他の文字とペアになって

第16講

特別な役割が与えられます。なので**「¥」は単独では文字として認められません。**「¥」とペアになった文字は**エスケープシーケンス**（escape sequence）と呼ばれ、そのペアひとつで1文字とみなします。エスケープシーケンスの一覧を以下に示します。

表16-2

エスケープシーケンス	機能
¥b	バックスペース
¥t	タブ文字
¥n	改行
¥f	フォームフィード
¥r	復帰
¥"	ダブルクオーテーション
¥'	シングルクオーテーション
¥¥	「¥」文字そのもの
¥O	8進数の文字コード（Oは0〜7までの数字1文字）
¥OO	8進数の文字コード（OOは0〜7までの数字2文字）
¥TOO	8進数の文字コード（Tは0〜3までの数字1文字、OOは0〜7までの数字2文字）
¥uXXXX	ユニコード文字（XXXXは4桁の16進数）

「¥」ってなんなの？と思った人がいるかもしれません。これは文字リテラルとして「'」そのものを指定したいときなどに使用します。「'''」ではエラーになります。同様に**「¥」そのものは、「¥¥」です。これを間違えてしまうことが非常に多いので**注意してください。

条件分岐（1）
― そこが分かれ道

条件に応じた処理

　Javaに限らずほとんどすべてのプログラミング言語は、そのときそのときの状況に応じて実行する処理を選択する機能を持っています。例えばある変数の値が100以上だったらこうして、そうでなかったこうするといった処理です。この機能のことを**条件分岐**（conditional execution）と呼びますが、もしこの機能がなければ、可能になる処理は大幅に制限されてしまいます。

　そして条件分岐の判断の根拠となる**条件**（condition）の表し方ですが、**関係演算子**（relational operator）を利用して表現します。例えば、変数 i の値が100 より大きいかどうかを調べる条件は、「i > 100」と表します。もし、変数 i の値が200 だったら判断はYesですし、50だったら判断はNoです。このように、**関係演算子は必ずYesかNoで判断できる条件を表します。**そのどちらでもないという判断はありえません。そして、判断の結果がYesの場合を**真**（true）、Noの場合を**偽**（false）と呼びます。

　その他の関係演算子には以下のものがあります。

表17-1

関係演算子	真となる条件
==	左辺と右辺が等しい
!=	左辺と右辺が等しくない
>	左辺が右辺より大きい
<	左辺が右辺より小さい
>=	左辺は右辺より大きいか等しい
<=	左辺は右辺より小さいか等しい

　よく間違えやすいのが、値が等しいかを調べる == 演算子を誤って = としてしまうケースです。コンパイラに怒られないようにくれぐれも注意してください。

第17講

処理の流れを表記するアクティビティ図

　UMLでは、処理の流れを表す**アクティビティ図**（activity diagram）があります。同じような目的でJISで定められた流れ図があり、一般的には流れ図のほうが多く用いられているのが現状です。ただ、本書ではUMLの解説も行っていますので、せっかくですからアクティビティ図を用いていきます。ただし、**本来のアクティビティ図はプログラムの処理の流れを細かく表記するのが目的ではなく、もっと大まかな業務プロセスの流れを記述するのが目的にしている**ことをお断りしておきます。

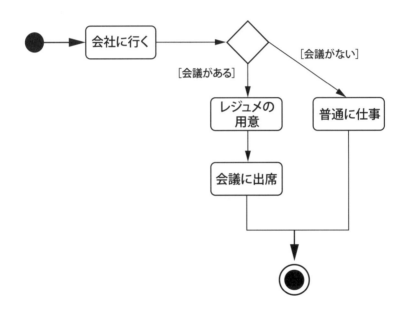

図17-1

　アクティビティ図では、処理の起点と終点が決まっています。起点は黒丸で表し、終点はふちのついた黒丸で表します。そして、処理の内容を**アクティビティ**（activity）と呼び、丸みを帯びた四角で表します。

　条件分岐はひし形の図形で表し、そこから、複数のアクティビティに対して矢印で接続することができます。そして、その複数の矢印には、大カッコ（[ ]）で囲った条件を付け加えます。条件の記述は必ずお互いに重複しないように記述します。

if 文登場

Javaで条件分岐を記述するには複数の方法がありますが、まず**if 文**（if statement）および**else 文**（else statement）を説明しましょう。早速ですが、サンプルプログラムを見てください。

リスト17-1

```
01: class Sample1701 {
02:   public static void main(String[] args) {
03:     int i = 200;
04:     if(i > 100) {
05:       System.out.println("iは100より大きいぞ！");
06:     }
07:     else {
08:       System.out.println("iは100以下だぞ！");
09:     }
10:     if(i > 50) {
11:       System.out.println("iは50より大きいぞ！");
12:     }
13:     if(i > 30) System.out.println("iは30より大きいぞ！");
14:     System.out.println("以上で調査終了！");
15:   }
16: }
```

さて、サンプルプログラムを説明しましょう。4行目から9行目まででひとつの条件分岐を表しています。この場合の条件は、ifのすぐ後ろにあるカッコ内にあります。つまり変数iの値が100より大きいかどうかです。そして、真なら5行目を偽なら7行目と8行目を実行します。このように中カッコで囲まれた内容を**ブロック**（block）と呼びますが、この内容が実行されるので、複数の行に処理が記述されても構いません。つまり、if文はelse文とペアになって以下に示すように記述します。

第17講

```
if( 条件 ) {
    条件が真の場合の処理
    ……
}
else {
    条件が偽の場合の処理
    ……
}
```

　それと、5行目などの記述の書き出しの位置がずれているのは、プログラムを見やすくするためです。これを**インデント**（indent）と呼びます。これはなくてもコンパイルや実行に支障はありませんが、非常に読みにくくなってしまうので、**インデントを加える習慣をつけてください。**

　次の条件分岐は10行目から12行目までです。このようにelse文は必ずしも必要ではありません。その場合は、条件が真のとき、つまり変数iの値が50より大きいなら11行目を実行し、偽なら何もせずに次の13行目に進みます。

　そして最後の条件分岐は少し意地悪です。中カッコがありませんね。これは、中カッコが省かれていると単独の文のみを実行の対象とします。よって、14行目は、15行目のif文とは無関係の行であり、最後の条件分岐は13行目のみです。また、以下のように書き換えたとしても結果は同じです。

```
    （略）
14:   if(i > 30)
15:     System.out.println("iは30より大きいぞ！");
16:   System.out.println("以上で調査終了！"); （略）
```

　それでは3行目の変数iに代入する値を変更してみて、実行結果がどのように変化するのかを試してください。最後にこのサンプルプログラムの処理をアクティビティ図で表すと以下のようになります。

条件分岐（1）—そこが分かれ道

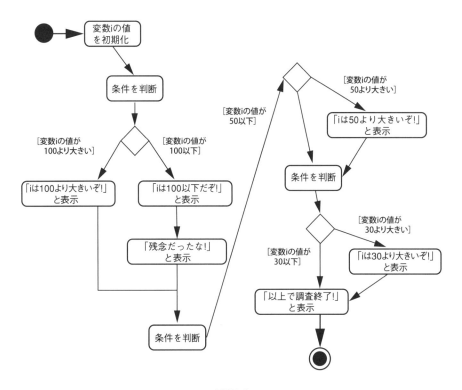

図17-3

条件分岐（2）
―いくつも条件があるとき

もっと条件を厳しく！

さっそくですがサンプルプログラムを見てください。

リスト18-1

```
01: class Sample1801 {
02:   public static void main(String[] args) {
03:     int i = 300;
04:
05:     if(i > 100) {
06:       if(i > 200) {
07:         System.out.println("iは200より大きいぞ！");
08:       }
09:       else {
10:         System.out.println("iは100より大きいが200以下だぞ！");
11:       }
12:     }
13:   }
14: }
```

5行目のif文で変数iの値が100より大きいかを判断しています。そして真の場合の処理に、さらにif～else文があり、6行目のそのif文では変数iの値が200より大きいかを判断しています。これが真なら変数iの値が200より大きいのは間違いないでしょう。しかし、偽の場合を考えてみてください。変数iの値は200以下ですが、5行目のif文の判断を思い出してください。結論として、変数iの値は100より大きいが、200以下と判断されます。

このように条件分岐した後の処理を記述するブロックのなかで、さらに条件分岐を記述することができます。このことをif文を**ネスト**（nest）すると呼びます。これを利用すれば、

きめ細かい条件分岐の処理が可能になります。もちろん、if文だけでなくelse文のブロックでも条件分岐を記述することができます。それでは前と同じく3行目の変数iの値を変えながら動作を確認してみてください。

そうじゃないけどこうだったら……

別のサンプルプログラムです。

リスト18-2

```
01: class Sample1802 {
02:   public static void main(String[] args) {
03:     int i = 70;
04:
05:     if(i > 100) {
06:       System.out.println("iは100より大きいぞ！");
07:     }
08:     else if(i > 50) {
09:       System.out.println("iは50より大きいが100以下だぞ！");
10:     }
11:     else {
12:       System.out.println("iは50以下だぞ！");
13:     }
14:   }
15: }
```

8行目ではelse文の後に別のif文を続けて記述しています。こうすることで複数の条件で条件分岐を行うことが可能です。11行目を見てください。このelse文のブロック処理が実行されるのは変数iの値がどんな値の時でしょうか？

5行目のif文で変数iの値が100より大きいかを判断しています。それが偽の場合は、8行目に移ります。そこでもif文があり、変数iの値が50より大きいかを判断し、それが偽の場合は11行目に移ってきます。つまり、変数iの値が100よりも大きくもなく、50よりも大きくないとき、つまり変数iの値が50以下のときに11行目のelseブロックの処理

が実行されます。

補足しますが、else if は複数記述できるので、最後の else 文は省略することも可能です。

あるいは別の方法で

複数の条件分岐を組み合わせるほかに、ひとつの関係演算子で複数の条件を記述する方法もあります。それには、**論理演算子**（logical operator）を利用します。論理演算子は左辺と右辺には boolean 型の値を取り、演算結果の型も boolean 型です。ちなみに関係演算子の結果の型も boolean 型なので、関係演算子と論理演算子を組み合わせることができます。論理演算子には以下の種類があります。

表18-1

演算子	演算名	説明（演算結果が真となる条件）
&	論理積	左辺と右辺の両方が真
|	論理和	左辺と右辺のどちらか、または両方が真
^	排他的論理和	左辺と右辺のどちらかひとつだけが真
!	否定	真偽を反転させる
&&	論理積	& と同じだが、左辺が false だったら右辺の評価は行わない
||	論理和	| と同じだが、左辺が true だったら右辺の評価は行わない

&& と &、|| と | の違いがわかりづらいですね。これらの違いは && と || は左辺の値を調べたときに全体の結果がわかるなら、右辺の値は見ずに結果を決めてしまいます。&& は左辺が false のとき、|| は左辺が true のとき、右辺の値に関わらず結果が判明します。これは、東京ドームで巨人戦をしているときに巨人が勝っていれば 9 回裏は行われずに試合終了になってしまうのと同じで、やっても無駄なのでやらないという方針です。どちらを使おうと最終結果は変わりませんが、&& と || を使った場合は可能性として実行速度が速まることが期待できます。

なお & と | には左辺と右辺が boolean 型ではなく、整数型の数値を対象にするケースもありますが、本講義では取り上げません。ここでの & と | は boolean 型を対象にした演算なので混同しないようにしてください。

では、サンプルプログラムを見ていきましょう。

リスト18-3

```
01: class Sample1803 {
02:   public static void main(String[] args) {
03:     int i = 300;
04:     int j = 200;
05:
06:     if(i > 100 && j > 100)
07:       System.out.println("iもjも100より大きいぞ!");
08:     if(i > 100 || j > 100)
09:       System.out.println("iかjの最低ひとつは100より大きいぞ!");
10:     if(i > 100 ^ j > 100)
11:       System.out.println("iかjのどちらかひとつが100より大きいぞ!");
12:     if(!(i < 100))
13:       System.out.println("iは「100より大きくない」の反対だぞ!");
14:   }
15: }
```

　!を除く論理演算子より関係演算子のほうが演算の優先順位は高いです。12行目のi < 100がカッコで囲われているのはそのためです。このカッコがないとコンパイルのときにエラーになってしまいます。これもまた3行目と4行目を変えて動作を確認してください。

1行で済ます条件分岐

　決して万能ではありませんが、たった1行ですべての条件分岐を行うこともできます。それには**条件演算子**（conditional operator）を使います。次のサンプルプログラムを見てください。

リスト18-4

```
01: class Sample1804 {
02:   public static void main(String[] args) {
03:     int i = 200;
04:
05:     int j = (i > 100) ? 1 : 0;
```

```
06:     System.out.println(j);
07:   }
08: }
```

5行目で条件演算子が使われています。カッコのなかに変数iの値が100より大きいかどうかの条件が記述されています。そしてその条件が真の時には、?のあとにあるコロン(:)で区切られた前の値である1が演算結果となり、偽の場合はコロンの後の値である0が演算結果になります。そして、その演算結果で変数jの値が初期化されます。

条件演算子では複雑な処理を行うことはできませんが、条件に応じて変数に代入する値を変化させたい、という場合には簡潔に記述することができるわけです。

値を調べて条件分岐

もうひとつ条件分岐の方法があります。**switch文**（switch statement）と呼ばれるもので、値を検証して複数の処理を選択して実行することができます。次のサンプルプログラムを見てください。

リスト18-5

```
01: class Sample1805 {
02:   public static void main(String[] args) {
03:     int i = 5;
04:
05:     switch(i) {
06:       case 1:
07:         System.out.println("iの値は1だぞ！");
08:         break;
09:       case 2:
10:       case 3:
11:         System.out.println("iの値は2か3だぞ！");
12:         break;
13:       case 5:
14:         System.out.println("iの値は5だぞ！");
15:         break;
```

```
16:     default:
17:       System.out.println("iの値は1,2,3,5以外だぞ！");
18:       break;
19:   }
20:   }
21: }
```

5行目を見てください。swichの後のカッコのなかに、調べたい値を記述します。この場合は変数iが対象です。そしてその後は中カッコによってブロックを作ります。次の6行目はcaseの後に値があり、その後ろにコロンがあります。これは変数iが1かどうかの条件を指定しています。もし真なら、breakまでの内容が実行されます。breakの後にはセミコロンが必要なのに注意してください。

caseで指定された条件に対応する処理の終了を規定するのはbreakのみです。よって、9行目から12行目まで連続した処理になっていて、この場合は変数iが2か3なら真となります。14行目と15行目は6行目からと同様に変数iの値が5の場合に当てはまります。

16行目ではcaseの代わりにdefaultになっています。これは、上記以外の場合にすべて当てはまり真となります。つまり、今までにあったcaseで指定された値のいずれでもなかった場合です。例えば、3行目を変数iが4で初期化されるように変更して実行してみてください。defaultで指定された処理である「iの値は1,2,3,5以外だぞ！」が表示されると思います。また、defaultは省略することもできます。

あとcaseの後で指定できる値は数値リテラルか、文字リテラルのみです。**変数を指定したり、文字列リテラルを指定したりはできない**ので注意してください。

これで条件分岐に関しての説明は終わりにします。ここまででかなり複雑な条件分岐ができるようになったので、そのバリエーションを押さえておいてください。

第19講 繰り返し（1）
―お望みならば何度でも

場合によっては永遠に……

条件分岐の応用として、特定の処理を繰り返し行うことができます。これには**繰り返し文**（loop statement）を利用します。基本となる繰り返し文には **for文**（for statement）があるので、まずその使い方を説明しましょう。まず、for文を記述する方法は以下のようになります。

```
for( 開始時の実行文① ; 繰り返しの続行判断式② ; 繰り返すたびに最後に実行する文③ ){
    繰り返したい内容④
}
```

繰り返したい内容が中カッコで囲われていますが、これはif文のときと考え方は同じです。複数の文でもかまいませんし、単独の文のときは中カッコを省略できます。実際のfor文の動作については次のアクティビティ図を見てください。

繰り返し（1）—お望みならば何度でも

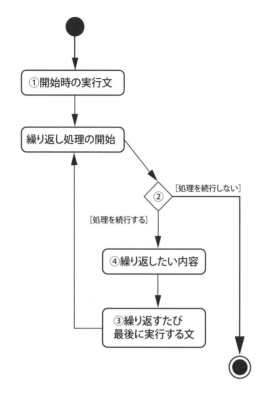

図19-1

　まず、①の文が実行されます。一般には②の続行判断用の式で使われる変数の初期値を設定する記述をします。②では、if 文の条件と同様の式を記述します。この式が真である限り繰り返しは続行されますが、もし最初の判断で偽だったら、④の内容は一度も実行されずに for 文の処理は終了します。③は④の内容を実行し終えてから繰り返すたびに実行されます。一般には、②の続行判断用の式で使われる変数の値を更新する処理を記述します。
　それでは実際にサンプルプログラムを見てみましょう。

リスト19-1

```
01: class Sample1901 {
02:   public static void main(String args[]) {
03:     int i;
04:     System.out.println("まわりはじめます");
```

第19講

```
05:        for(i = 0; i < 10; i++) {
06:            System.out.println("まわっていますー");
07:        }
08:        System.out.println("まわりおわりました");
09:    }
10: }
```

5行目にfor文がありますが、最初に変数iに0を代入します。そして変数iの値が10より小さいかを判断して、真ならばブロック内の処理である6行目の「まわっていますー」の表示を行います。次に、変数iの値をインクリメントして1増やします。そして、再び変数iの値を判断して繰り返しの処理を続行するか決定します。これを繰り返すことになります。

さて、実行してみればわかると思いますが、このfor文で何回繰り返し6行目が実行されるでしょうか。答は10回です。考え方は、6行目が実行されるときに変数iの値が取る範囲を考えます。最初は0で毎回1ずつ増えていって最後は9です。なぜなら変数iの値が10のときは、「i < 10」の判断で偽になるので、繰り返しは終了しているからです。よって、変数iの値は0から9まで変化するので、合計で10回繰り返しを行います。

自分で変数を調達

さきほどのサンプルプログラムで繰り返しの続行を判断するのに使う変数iはfor文の前で宣言されていました。ですが、for文はそういった変数を自分用に宣言することができます。そのようにサンプルプログラムを変更してみましょう。

リスト19-2

```
01: class Sample1902 {
02:    public static void main(String args[]) {
03:        System.out.println("まわりはじめます");
04:        for(int i = 0; i < 10; i++) {
05:            System.out.println("まわっていますー");
06:        }
07:        System.out.println("まわりおわりました");
```

```
08:    }
09: }
```

　4行目のfor文を見てください。「int i = 0」となっています。これで、for文が実行開始されると、int型の変数iが0で初期化されます。実際の動作は変更する前と変わりません。ただし、この場合の変数iはfor文の中でしか使えません。あくまでもfor文専用の変数になります。

ダブルで繰り返し

　for文の中にfor文を入れることもできます。これをif文と同様にfor文をネストするといいます。サンプルプログラムを見てみましょう。

リスト19-3

```
01: class Sample1903 {
02:   public static void main(String args[]) {
03:     System.out.println("まわりはじめます");
04:     for(int i = 0; i < 3; i++) {
05:       for(int j = 0; j < 3; j++) {
06:         System.out.println("変数iの値は" + i + "で" +
07:                            "変数jの値は" + j + "です");
08:       }
09:     }
10:     System.out.println("まわりおわりました");
11:   }
12: }
```

　for文について説明する前に、6行目と7行目を見てください。これは2行でひとつの文です。6行目にはセミコロンがなくて、7行目にあることに注目してください。このように1行に書くと長くなってしまう場合は、ホワイトスペースを挟んでも許されるところで行を変えてもかまいません。この場合は、演算子の「+」と文字列リテラルの間で行を変えて

第19講

います。

　ところで、演算子「+」の存在が気になりますね。int 型の変数と文字列リテラルを加算するとはいったいどういうことでしょうか？　これは、「+」演算子の新機能です。「+」演算子には、文字列を連結する機能もあります。さらに片方のオペランドが数値だったら、自動的に文字列に変換してから連結作業を行います。連結の結果がどうなるかは、あとで実行結果の表示を説明するときに確認してください。

　最初の for 文は 4 行目から開始され、9 行目まで続いていて、変数 i によって繰り返しの続行が判断されます。そして、その中にもうひとつ for 文が入っています。その for 文は 5 行目から開始されて、8 行目までで変数 j によって繰り返しの続行が判断されます。これらふたつの for 文が組み合わされるとどういう動作になるのかは、実行結果の表示を見て考えたほうがよいでしょう。

```
まわりはじめます
変数iの値は0で変数jの値は0です
変数iの値は0で変数jの値は1です
変数iの値は0で変数jの値は2です
変数iの値は1で変数jの値は0です
変数iの値は1で変数jの値は1です
変数iの値は1で変数jの値は2です
変数iの値は2で変数jの値は0です
変数iの値は2で変数jの値は1です
変数iの値は2で変数jの値は2です
まわりおわりました
```

　実行結果の表示を見てみると、内側にある変数 j による for 文が繰り返しを行っています。その証拠に、3 回表示される間変数 i の値に変化はありません。つまり、変数 i による for 文が 1 回繰り返す間に、変数 j による for 文は 3 回の繰り返しを行い毎回 for 文の動作を完了させています。サンプルプログラムと実行結果の表示を見比べながら、どういった動作をしているかよく確認してください。

繰り返し (2)
―役者はまだいます

松屋と吉野家の違い？

繰り返し処理を行うには for 文を使う以外にも方法があります。残りの方法はふたつで、**while 文**（while statement）と **do ～ while 文**（do while statement）です。どちらも共通する点は、for 文では繰り返しを開始する前と、繰り返し処理の後に毎回実行する文のふたつを記述できたのが、このふたつの文ではできない点です。単純に繰り返しを続行する条件と繰り返しの内容だけを記述します。

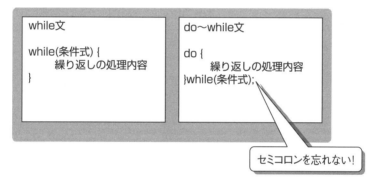

図20-1

いっぽうで、両者には大きな違いがあります。それは、繰り返しの続行を判断するタイミングが異なる点です。while 文は、繰り返しの内容を実行する前に、判断を行いますが、do ～ while 文では、繰り返しの内容を実行した後に判断を行います。それでは2つの文の処理の流れをアクティビティ図にしておきましょう。

第20講

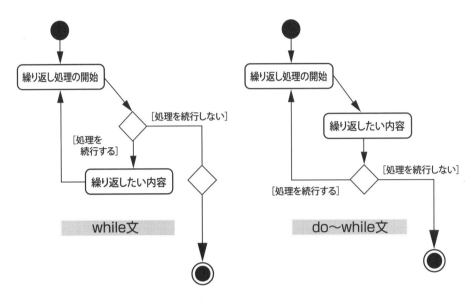

図20-2

リスト20-1

```
01: class Sample2001 {
02:   public static void main(String args[]) {
03:     int i = 0;
04:     System.out.println("まわりはじめます");
05:     while(i < 10) {
06:       System.out.println("変数iの値は" + i + "です");
07:       i++;
08:     }
09:     System.out.println("まわりおわりました");
10:   }
11: }
```

　繰り返しを続行するタイミングが繰り返しの内容の前にあるのか後にあるのは、whileのキーワードが繰り返しの内容を記述するブロックを示す中カッコの前にあるか後にあるかで判断できます。でも、どう記述するか自体を忘れてしまう人がいます。そこで忘れにくい方法を披露しましょう。それは、**whileは松屋、do〜whileは吉野家**と覚えてください。

松屋は注文する前に食券を買うので、実際に食べる前にお勘定をしますが、吉野家では食べ終わってからお勘定をします。お勘定のタイミングを思い出せば大丈夫というわけです。

それでは、それぞれの動作をサンプルプログラムで確認しましょう。まずは、while文です。

5行目にwhile文がありますが、繰り返しの続行に変数iの値が10より小さいという条件が設定されています。7行目で変数iの値をインクリメントしていますので、10回繰り返すと、変数iの値が10になるので、そこでwhile文は終了します。実行して確認してみてください。

それから、5行目の条件式を「i < 10」から「i < 0」に変更して実行してみてください。1回も「変数iの値は……」という表示はされないで終了しましたね。これは繰り返しを開始するときに変数iの値をチェックした時点で偽になってしまうため、一度も繰り返す内容を実行することなくwhile文を終了してしまうからです。続いてはdo～while文を使ったサンプルプログラムです。

リスト20-2

```
01: class Sample2002 {
02:   public static void main(String args[]) {
03:     int i = 0;
04:     System.out.println("まわりはじめます");
05:     do {
06:       System.out.println("変数iの値は" + i + "です");
07:       i++;
08:     } while(i < 10);
09:     System.out.println("まわりおわりました");
10:   }
11: }
```

5行目からdo～while文が始まっていて8行目に条件式があります。**8行目がセミコロンで終わるのに注意してください。**変数iの値が9のときの繰り返しで7行目によって変数iの値は10になります。それから条件を判断して偽になるので、do～while文は終了します。実行してみると前のサンプルプログラムと同じ結果になります。

次に8行目の条件式を先ほどと同様に「i < 0」に変えて実行してみてください。今度は、

ひとつだけ「変数 i の値は 0 です」と表示されるはずです。これは、do ～ while 文が繰り返しの内容を実行してから、その後に条件判断をしているからです。

while 文と do ～ while 文のどちらを使うかは、繰り返しの続行判断のタイミングの違いを頭に入れて判断してください。ただ、実際のプログラミングではかなり while 文が使われる頻度のほうが多いでしょう。

流れを変える切り札

繰り返し処理そのものを行う方法は以上ですべてです。ただこれとは別に、繰り返し処理の流れを変える **break 文**（break statement）と **continue 文**（continue statement）があります。break 文は switch 文のところで登場しましたが、この場合と機能が異なります。

break 文と continue 文の両方とも for 文、while 文と do ～ while 文で使うことができます。それぞれの機能を説明しましょう。break 文は繰り返しの処理を途中で中止する機能があります。問答無用でその繰り返し文の外に退出してしまいます。continue 文は、その時点で残っている繰り返す内容の実行を中止します。ただし、繰り返し処理そのものは中止することなく続行します。それではサンプルプログラムでその機能を確認しましょう。

リスト20-3

```
01: class Sample2003 {
02:   public static void main(String args[]) {
03:     int i = 0;
04:     System.out.println("まわりはじめます");
05:     while(i < 10) {
06:       System.out.println("変数iの値は" + i + "です");
07:       if(i == 5) break;
08:       i++;
09:     }
10:     System.out.println("まわりおわりました");
11:   }
12: }
```

7 行目に break 文があります。その前に if 文があるので、変数 i の値が 5 のときに繰り返し処理を中断します。実行してみると、「変数 i の値は 5 です」が最後に表示されています。このように break 文が実行されると繰り返し処理が中止されることがわかりましたね。

　次に、7 行目の break を continue に変えて実行してみてください。どうなりましたか？「変数 i の値は 5 です」の表示が延々と続いてプログラムの実行が終了しないはずですから、Ctrl + C キーを押してください。これで強制終了します。

　どうしてこんな事態になってしまったのでしょうか？　答えは、continue 文のせいで 8 行目の変数 i の値がインクリメントされなくなってしまったからです。変数 i の値が 5 のときに 7 行目が実行されると、continue 文が実行されるので、次の処理は 6 行目に移ります。そして再び 7 行目に来て continue 文が実行されます。

　結局、以上の処理が延々と繰り返され、while 文から抜け出ることができなくなります。このように故意かどうかにかかわらず、繰り返し処理を終えることができない状態を**無限ループ**（infinite loop）と呼びます。プログラムを記述するときにはこの状態に陥らないように注意する必要があります。

　それではさらに continue 文の例を見てみましょう。

リスト20-4

```
01: class Sample2004 {
02:   public static void main(String args[]) {
03:     System.out.println("まわりはじめます");
04:     for(int i = 0; i < 3; i++) {
05:       for(int j = 0; j < 3; j++) {
06:         if(j == 1) continue;
07:         System.out.println("変数iの値は" + i + "で" +
08:                            "変数jの値は" + j + "です");
09:       }
10:     }
11:     System.out.println("まわりおわりました");
12:   }
13: }
```

第20講

実行してみると、以下の結果が表示されます。

```
まわりはじめます
変数iの値は0で変数jの値は0です
変数iの値は0で変数jの値は2です
変数iの値は1で変数jの値は0です
変数iの値は1で変数jの値は2です
変数iの値は2で変数jの値は0です
変数iの値は2で変数jの値は2です
まわりおわりました
```

変数 j の値が 1 のときの表示が抜けているのがわかります。これは、6 行目の if 文と continue 文によるものです。変数 j の値が 1 なら、continue 文によって 7 行目と 8 行目の処理がスキップされます。ただし for 文で繰り返す内容が実行された後で実行されることが決まっている、**変数 j の値のインクリメントはスキップされません。**あくまでも continue 文でスキップされるのは、ブロック内で記述されている繰り返し処理に限られるのに注意してください。

クラスとインスタンス（1）
―まず宣言しなくては

第21講

クラスは宣言しなくては

Javaでクラスを利用するには、変数のようにあらかじめ宣言しておく必要があります。そして、Javaではクラスの属性のことを**フィールド**（field）、操作のことを**メソッド**（method）と呼ぶので、今後はこれらの用語を使用していきます。そして、クラスの名前とフィールド、メソッドを定めることを、**クラスを宣言する**（class declaration）と呼びます。クラスを宣言するには、以下のような構造で記述します。

```
class クラス名 {
    フィールドの宣言
    …
    …

    メソッドの宣言
    …
    …
}
```

図21-1

気づいた人もいるかも知れませんが、今までいくつも登場してきたサンプルプログラムは、すべてクラス宣言のスタイルをとっています。実は、public static void main(String[ ] args) {……} というのは、メソッドの定義のことだったのです。メソッドについての詳細は第24講で説明しますが、いままでのサンプルプログラムはクラスを宣言してmainという名前のメソッドを定義していたことになります。このように、Javaプログラムは**クラスの宣言が基本構造としてかならず必要**になります。

また、Javaでの決まりとして、Java VMを起動するjavaコマンドでクラスファイルを指定すると、そのクラスでmainという名前のメソッドを最初に実行する決まりになってい

第21講

ます。今までこの箇所からプログラムの実行が始まると説明してきたのは、こうした背景があったからです。

すべてのフィールドは何らかの型を持っています。型に関しては変数と考え方は同じです。UMLのクラス図でも、属性が持つ型を一緒に表記したければ、属性名の後にコロン(:)をつけ、その後に型を記述します。この方法は、操作のパラメータを設定するのと同じですね。

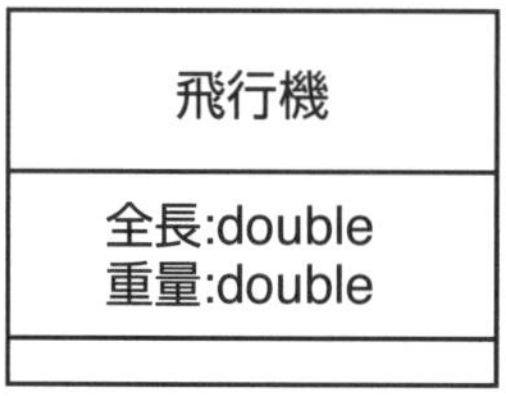

```
┌─────────────┐
│    飛行機    │
├─────────────┤
│ 全長:double  │
│ 重量:double  │
└─────────────┘
```

図21-2

フィールドの宣言

Javaでは、個々のフィールドに可視性を指定することもできます。これを**アクセス制限**(access control)と呼びます。アクセス制限を行うには、フィールド宣言のところで、型を記述する前にその指定を記述します。この指定のことを**修飾子**(modifier)と呼びます。また、第10講でUMLには3段階の可視性があると説明しましたが、Javaではひとつ多い4種類で、若干その機能にも違いがあります。

表21-1

修飾子	アクセス可能なクラス
指定なし	同じパッケージに属するクラスのみ
private	同じクラスに限定
protected	同じパッケージ内のクラスまたは宣言するクラスのサブクラスに限定
public	すべてのクラスから（ただし例外あり→第36講）

Javaではパッケージという概念があることからprotectedとpublicの意味がUMLとは少

し異なり、明示的に修飾子の指定がなかった場合も定められていて、合計4種類になるわけです。パッケージについては第36講で改めて説明します。

それでは、実際にクラス宣言の例を見てみましょう。以下に示すクラス図をJavaで記述します。今回は属性のみなのでメソッドの定義は記述しません。

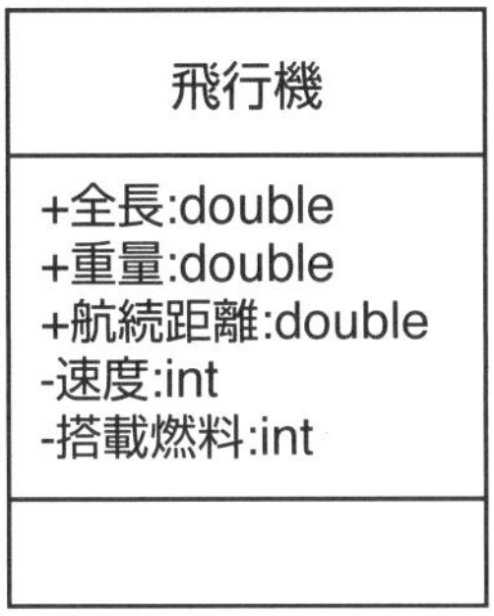

```
飛行機
+全長:double
+重量:double
+航続距離:double
-速度:int
-搭載燃料:int
```

図21-3

クラス図などの設計に基づいてJavaでクラス宣言を記述することを、その**クラスを実装**するとも言います。この言い方だと玄人っぽく聞こえるので、使いたい人はどんどん使ってください。さて、Javaで記述した結果は以下のようになります。

リスト21-1

```
01: class Plane {
02:     public double length;
03:     public double weight;
04:     public double cruising_range;
05:     private int speed;
06:     private int fuel;
07: }
```

見た感じは変数の宣言と変わりませんが、修飾子があることと記述されている位置がポイントです。また、**クラス名とフィールド名は識別子とみなされるので、その命名規則は変数と同じです。** それでは、ひとつ練習問題として、クラス図を示すので、自力でJavaのクラス宣言として実装してください。

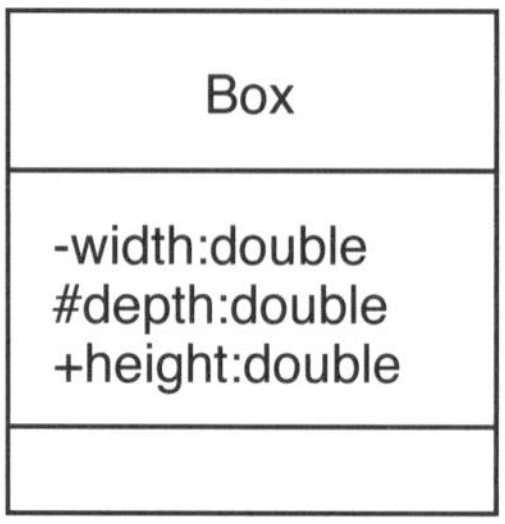

第21講

```
         Box
  -width:double
  #depth:double
  +height:double
```

図21-4

　正解は以下のようになります。フィールド間の順番は入れ替わっていても問題ありません。ただ、セミコロンを忘れていたり、中カッコを閉じ忘れていたりといったミスをしていませんか？　慣れないうちはよく間違えることが多いので注意してください。

リスト21-2

```
01: class Box {
02:     private double width;
03:     protected double depth;
04:     public double height;
05: }
```

　ここで注意が必要なのは、クラスの宣言をしてもオブジェクトは決して生成されないということです。生成するには、さらに別の手続きが必要になります。その辺については次の講で説明しましょう。

第22講 クラスとインスタンス（2）
―つくってみようインスタンス

オブジェクトを扱う型

　Javaでオブジェクトを生成するにはメモリへのアクセスが必要なので、オブジェクトも変数として扱います。第14講で8つの基本となるデータ型を紹介しましたが、同じようにオブジェクトも型のひとつとなります。オブジェクトを扱う型の名前はそのクラス名そのままです。例えばPlaneクラスだったら、そのオブジェクトを扱う変数の型名はPlaneになります。変数の宣言でも、int型などの基本データ型と方法は同じです。

```
Plane p;
```

　これで、Planeクラスのオブジェクトを扱う変数pが宣言されました。ただし、これだけでは実際にオブジェクトが生成されるわけではありません。さらに手順が必要です。

オブジェクトのつくりかた

　オブジェクトを生成するには **newキーワード** を使います。newキーワードを使うには、以下のようにします。

```
p = new Plane();
```

　これで、Planeクラスのインスタンスとしてオブジェクトが生成され、先ほどの変数pが実際に利用できるようになります。変数pに対して、代入演算子を用いて右辺にnewキーワードを記述し、その後に生成したいオブジェクトのクラス名とカッコのペアを記述するのが決まりです。カッコを忘れるとコンパイルのときにエラーになってしまうので、忘れ

第22講

ないようにしてください。

　newキーワードの仕事は、指定されたオブジェクトを生成するのに必要なメモリのサイズをそのクラス宣言から計算し、実際にメモリの領域を確保します。newキーワードの後にクラス名を記述するのは、どのクラスのインスタンスを生成するのかを指定するためです。**今のところは左辺の型のクラス名と右辺のnewキーワードの後に記述するクラス名は一致する**と考えてください。そしてnewキーワードは、代入演算子によって生成したオブジェクトを左辺の変数に引き渡します。しかし、第34講ではそうでないケースが登場しますが、こちらは後で説明します。

　また、newキーワードがオブジェクト型の変数に代入するものは、実はオブジェクトそのものではありません。newキーワードは生成するオブジェクトのために確保したメモリの番地の情報を返します。

　一方、左辺にある変数にしても、オブジェクトそのものを格納できるわけではなく、オブジェクトに割り当てられているメモリの番地を格納します。以上のことから、オブジェクトを扱う変数を**オブジェクト参照**（object reference）型の変数と呼びます。また、オブジェクトを生成するためにメモリを確保できるのは、newキーワードにしか許されていません。そのため、オブジェクト参照型の変数に勝手に適当な値を代入することも許されません。

フィールドへのアクセス

　生成したオブジェクトのフィールドにアクセスして、その値を参照したり変更したりするには、オブジェクト参照型の変数の後にドット（.）と続けてフィールド名を記述します。例えば、さきほどのPlaneクラスの参照型変数pが指すオブジェクトのフィールドspeedに100という値を設定するには、以下のように記述します。

```
p.speed = 100;
```

クラスとインスタンス (2) —つくってみようインスタンス

それではサンプルプログラムを見てみましょう。今回はひとつのファイルにふたつのクラス宣言があります。実行するには以下のようにコマンドプロンプトに入力してください。

```
javac Sample2201.java ⏎
java Sample2201 ⏎
```

javacコマンドでコンパイルすると、Plane.classとSample2201.classのふたつのクラスファイルが生成されます。そしてjavaコマンドで指定するのは、クラスSample2201になります。

リスト22-1

```
01: class Plane {
02:     public double length;
03:     public double weight;
04:     public double cruising_range;
05:     public int speed;
06:     public int fuel;
07: }
08:
09: class Sample2201 {
10:     public static void main(String[] args) {
11:         Plane p = new Plane();
12:         p.length = 73.9;
13:         p.speed = 890;
14:         System.out.println("全長" + p.length + "m");
15:         System.out.println("速度" + p.speed + "km/h");
16:         System.out.println("航続距離" + p.cruising_range + "km");
17:     }
18: }
```

1行目から7行目までは、Planeクラスの宣言です。Planeクラスには、5種類のフィールドが宣言されています。2行目から順番に説明しますが、double型のlength、weight、cruising_range、そしてint型のspeedとfuelです。これらはすべて修飾子にpublicが指定

されていますね。よって、自分自身のクラスに属するメソッド以外からもアクセスができます。続いて9行目からSample2201クラスの宣言が始まります。このクラスはmainメソッドを含むので、javaコマンドによって実行される対象となります。11行目でPlaneクラスのオブジェクト参照型である変数pを宣言し、newキーワードによって初期化しています。このようにオブジェクト参照型の変数宣言とnewキーワードの使用を1行にまとめることも可能です。もし2行に分けたいときには、

```
Plane p;
p = new Plane();
```

と記述すれば大丈夫です。これで、変数pは有効なPlaneクラスのインスタンスを指し示したことになります。12行目と13行目では変数pが指すPlaneクラスのインスタンスのフィールドであるlengthとspeedに値を代入しています。続いて14行目から16行目では、文字列とともに、lengthとspeed、cruising_rangeのフィールドの値を表示しています。

実行させてみると以下のように表示されます。

```
全長73.9m
速度890km/h
航続距離0.0km
```

航続距離のところが0.0となっていますが、今まで一度も値を代入したことのないフィールドを参照しても問題はありません。オブジェクトを生成したときのフィールドは数値型だったらすべて0に設定されます。

第23講

配列
―たくさんあるならタンスにしまっておこう

ひとつの変数に複数の値を格納するには？

　変数を宣言して値を代入するとき、代入できる値の種類はひとつに限られているのは当たり前ですが、それだと都合が悪い場合があります。例えば10人分の100m走の記録を扱いたいとき、double型の変数を10個宣言すれば事足りますが、10個変数がある以上識別子も10個になります。そこで必要とされるのが、ひとつの識別子で複数の値を格納できる仕組みの**配列**（array）です。

図23-1

　今までの変数を箱と考えると、配列は引き出しがいくつもあるタンスのイメージです。そして、それぞれの引き出しを識別するのに番号を用います。この番号のことを**添字**（index）と呼びます。また、引き出しのことを**配列の要素**と呼んでいます。そして配列も通常の変数と同様に宣言をする必要があります。
　まず、配列で扱う型を決めます。すべての配列の要素は同一の型でなくてはいけません。あの要素はint型で、この要素はdouble型というのは許されません。例えば、int型の配列を扱う変数を宣言するには、以下のようになります。

第23講

```
int array[];
```

　array が識別子となり、そのあとに、大カッコ（[ ]）の組を記述します。これで int 型の配列を扱う変数 array が宣言されました。しかし、このままでは配列の要素に値を格納することはできません。

配列にも new キーワードが登場

　配列を扱う変数は、オブジェクトのときと同様に new キーワードを使う必要があり、以下のように記述します。

```
int array[] = new int[10];
```

　あるいは、変数の宣言とその変数への代入と2行に分けてもかまいません。クラスのインスタンスのときを思い出してみてください。

```
int array[];
array = new int[10];
```

　2行目の変数 array には、大カッコはいらないことに注意してください。特定の添字を指定せずに、配列全体、つまり配列を指し示す参照として扱うときには、大カッコは不要です。続いて右辺の「new int[10]」の記述ですが、大カッコの中に記述した値が配列の要素の数、いわばタンスの引き出しの数を指定します。その値に応じて new はメモリを確保し、オブジェクトの時と同じようにメモリの番地に関する情報を左辺の変数に代入します。つまり、配列を扱う変数もオブジェクトを扱う変数と同じ仕組みになっています。

実際に配列の要素に値を代入するには、以下のようにします。

```
array[0] = 100;
array[1] = 200;
```

識別子のあとに、大カッコで括った添字を指定します。これで配列の要素にアクセスできます。ただし、**添字は 0 で始まる点と new キーワードで指定した配列の要素の数を超える添字を指定するとエラーが発生する**点に十分注意してください。new で 10 個の要素を扱うと指定したなら、添字の最大値は 9 です。また、配列の要素の数を足りないからといって後から増やすことはできません。

new キーワード抜きで配列を作ろう

実は配列を使用するのに、new キーワードを使わなくてもいい方法があります。ただし、その方法はすべての配列の要素に格納する値をあらかじめ指定する必要があります。

```
int array[] = {20,100,-40,500,70};
```

上記のように記述すれば、次のように記述したのと同じことになります。

```
int array[] = new int[5];
array[0] = 20;
array[1] = 100;
array[2] = -40;
array[3] = 500;
array[4] = 70;
```

中カッコの中にあるカンマで区切られた値を数えて、配列の要素の数が決定されます。このやり方は、配列を扱う変数を宣言しながらも必要な配列の要素の数を指定し、それぞ

れの要素の値を初期化する方法の3点セットです。

自分のサイズを計測しよう

プログラムの中で、配列の要素がいくつあるかを知る方法があります。それには、配列を扱う変数の識別子の後にピリオド（.）を続けて、その後にlengthを記述します。実際の例をサンプルプログラムで見てみましょう。

リスト23-1

```
01: class Sample2301 {
02:   public static void main(String[] arg) {
03:     int array[] = {20,100,-40,500,70};
04:     for(int i = 0; i < array.length; i++) {
05:       System.out.println("添字は" + i + ":"
06:         + "値は" + array[i]);
07:     }
08:   }
09: }
```

3行目は先ほど説明したnewキーワードを使わないで配列を使おうとしています。int型の配列arrayの要素数は5つです。この場合の添字の最大値は5ではなく4なのですが、大丈夫ですか？　うっかり間違えてしまった人は気をつけてください。

4行目のところで、array.lengthとなっていますが、int型の配列を扱う変数arrayの要素が5つあるので、for文による繰り返しは5回となります。このようにしておけば、3行目の中カッコの中にさらに値を追加しても他の箇所を変更する必要はありません。

参照型変数の落とし穴

オブジェクトや配列を扱う変数の型は**参照型**（reference type）と呼ばれます。つまりその変数にはオブジェクトや配列そのものではなく、それらを格納するメモリの番地の情報が格納されています。また、そういった変数を参照型と呼んでいます。参照型であること

は通常使っているぶんにはあまり意識しなくてもよいのですが、場合によっては気をつけないといけないケースがあります。

リスト23-2

```
01: class Sample2302 {
02:   public static void main(String[] arg) {
03:     int a[] = {20,100,-40,500,70};
04:     int b[] = a;
05:     a[0] = 50;
06:     for(int i = 0; i < b.length; i++) {
07:       System.out.println("添字は" + i + ":"
08:         + "値は" + b[i]);
09:     }
10:   }
11: }
```

このプログラムを実行した結果を考えてみてください。int型の配列を扱う変数bの添字を0に指定したときのその配列要素の値は、いくつと表示されるでしょうか？ 3択で答えてみてください。

(1) 0
(2) 20
(3) 50

正解は（3）です。この場合ですと、変数aによって指定される配列要素の値をいじったのに、変数bによって指定される配列要素の値が変化してしまっています。まず、4行目ではint型の配列参照型の変数bを宣言して変数aの値で初期化しています。この時点で、**変数aと変数bは同じメモリの領域を指し示している**ことになります。だから5行目で、変数aによって示される添字が0の配列要素の値を50に変更すると、変数bで示されている配列要素の値も変化してしまうのです。**どちらの変数も同じメモリ領域を指し示している**からこのようなことになるのです。

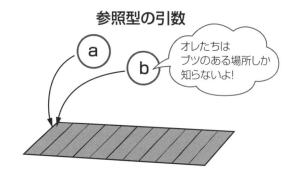

図23-2●参照型だから

　実際に配列の要素を格納するメモリ領域を確保しているのは、3行目で初期化を行っている1カ所しかありません。**ひとつのメモリ領域を示している参照型の変数はひとつに限らない可能性がある**ことをよく覚えておいてください。

第24講 メソッドの定義と利用
―出番はいつでも大丈夫

メソッドの定義と隠れたオブジェクト this

　Javaでは、操作のことをメソッドと呼ぶのは前に説明しましたね。メソッドについて詳しく説明する前に第9講の説明を思い出してください。そのときは、操作には操作名とパラメータ、戻り値を指定すると説明しましたが、Javaでは操作名を**メソッド名**、パラメータのことを**引数**（argument）と呼びます。

　そしてメソッドにおいて具体的な処理についても記述が必要です。メソッドに関する以上の内容を記述することを、**メソッドを定義する**と呼びます。実際には以下のようにします。

```
戻り値の型 メソッド名 ( 引数をカンマ区切りで列挙 )
{
    メソッドの処理の記述
}
```

　戻り値の型は変数の型と同様です。このように**Javaは型に厳密なプログラミング言語**なので、プログラミングの段階でどういった型を用いて処理するのかをきっちりと決めておかないといけません。引数に関しても同様に型の指定が必要ですが、戻り値の場合と少し都合が違うところがあります。これについては、実際の例を見ながら説明しましょう。

リスト24-1

```
01: class ABC {
02:     private int a;
03:     private int b;
04:     private int c;
05:
```

```
06:    void printField() {
07:      System.out.println("a = " + a);
08:      System.out.println("b = " + b);
09:      System.out.println("c = " + c);
10:    }
11:
12:    void setValue(int x,int y,int z) {
13:      a = x;
14:      b = y;
15:      c = z;
16:    }
17:    int getTotal() {
18:      return (a+b+c);
19:    }
20: }
```

　ABC クラスには、printField、setValue、getTotal と呼ばれる合計 3 つのメソッドが定義されています。**メソッド名に関しては識別子と見なされる**ので、変数名と同じ規則に従います。3 つのメソッドを順番に見ていくと、6 行目で定義されている printField メソッドに引数はありません。従ってメソッドを利用するときにはメソッドに何も情報を渡しません。そして戻り値の型が **void** となっていますが、これは型を持たないことを意味します。つまり、戻り値の型が void と指定されているなら、戻り値はないのでメソッドの処理の結果を返さないことになります。

　次に 7 行目から 9 行目で、メソッドの処理内容の記述について、a、b、c の値を文字列とともに表示しています。これらは ABC クラスのフィールドを意味しています。前にフィールドにアクセスするには、オブジェクトを明示的に指定してその後にドットに続けてフィールド名を記述すると説明しましたが、さらに別の方法があります。

　メソッドを利用したいときには、そのメソッドを利用するオブジェクトは明らかなはずです。このようにメソッドを利用するオブジェクトは **this** キーワードで表すことに決まっています。そしてこの this は省略できます。例えば this を省略しないで 7 行目を記述すると以下のようになります。

```
07:     System.out.println("a = " + this.a);
```

　this を省略したほうがいいのか、しないほうがいいのかについてですが、普通は this を省略します。それから可視性について言えば、同じクラス内のメソッドであれば、たとえ private であったとしてもそのフィールドにアクセスすることができます。ただし、おなじみの main メソッドに関しては、メソッド内で this キーワードを利用することはできないので注意が必要です。それにはきちんとした理由がありますが、それについては第 28 講でします。

　続いて 12 行目の setValue メソッドは、戻り値の型が void なので戻り値はありません。次に引数について説明します。カンマ区切りで 3 つの int 型の引数がありますが、型の後に変数宣言の時と同じように識別子が並んでいますね。これは、**仮引数**（parameter）と呼ばれ、メソッド処理の記述で変数と同様に扱われます。つまり、引数によって渡される情報は、メソッドの内部では変数として利用できるようになります。

　13 行目から 15 行目では、3 つのフィールドに対して仮引数の値をそれぞれ代入しています。この場合は仮引数として渡された値がそのままフィールドに代入されることになります。

　最後に 17 行目の getTotal メソッドですが、戻り値の型に int 型が指定されていますね。よって、このメソッドの処理結果としてひとつの int 型の値が返されます。18 行目に **return 文**（return statement）があります。これはメソッドの処理を終了し、その後に続く値を戻り値として返します。**戻り値は必ずひとつで、複数の値は返せない**ことに注意してください。

メソッドの利用

　メソッドの定義は前に説明した通りですが、さらにメソッドを利用する例も見てみましょう。

第24講

リスト24-2

```
21:
22: class Sample2401 {
23:   public static void main(String[] args) {
24:     ABC o = new ABC();
25:     o.setValue(10,20,30);
26:     o.printField();
27:     int total = o.getTotal();
28:     System.out.println("total = " + total);
29:   }
30: }
```

　先ほどのサンプルプログラムに追加する形になりますが、24行目でABCクラスのインスタンスを生成し、オブジェクト参照型の変数oで参照できるようにしています。次の25行目でメソッドを利用しています。
　メソッドを利用することを**メソッドを呼び出す**といいます。メソッドを呼び出す対象となるオブジェクトを示す参照型の変数に続けてドットの後にメソッド名を記述します。これはフィールドのときと同じですね。

オブジェクト参照型の変数名 . メソッド名 (実引数をカンマ区切りで列挙)

　この場合は変数oで参照できるオブジェクトに対してsetValueメソッドを呼び出しています。そのときの引数は10と20、30の3種類です。また、実際にメソッドを呼び出すときに指定する引数のことを**実引数**（actual parameter）と呼びますが、setValueメソッドの中で処理を始めるときに仮引数のx、y、zに実引数としてそれぞれ10、20、30の値が設定されます。
　25行目が実行されたら、今説明したように仮引数に値が渡され、setValueメソッドの処理が開始されます。そこで13行目に処理が移ります。そして13行目から15行目の処理でフィールドa、b、cに、実引数で指定された10、20、30の値がそれぞれ代入されます。そして、16行目では中カッコが閉じられていますが、これは「メソッドの処理の記述はこ

こまで」、ということを示しています。この 15 行目と 16 行目の間に次の行を挿入しても結果は同じです。

```
return;
```

　戻り値を返さないときには return 文を省略することができます。また、return 文によってメソッドの処理が終了されるので、呼び出した元へ処理が返されます。よって次の処理は 26 行目になります。

　26 行目では、同じようにメソッドの呼び出しが行われています。ここでは、引数の指定もありませんし、戻り値もありません。メソッドの処理が終わると、引き続き 27 行目に処理が移ります。27 行目では、戻り値のある getTotal メソッドを呼び出しています。呼び出しの処理は今までと同じですが、return 文で返されるフィールド a、b、c の合計値を int 型の変数 total で宣言して、そこに代入しています。

　そして 28 行目で、その変数 total の値を文字列とともに表示しているので、フィールド a、b、c の合計値が表示されます。処理の流れを追っていくとあっちにいったり、こっちにいったりしますが、常にメソッドの呼び出しを意識していれば混乱しないでしょう。

メソッドにも可視性が登場

　いままで、メソッド自体の可視性については触れていませんでしたが、メソッドも変数と同じように可視性の制限を指定できます。その方法は戻り値の型を記述する前に修飾子を記述します。ABC クラスの 3 つのメソッドについては可視性の指定が明示的ではなかったので、修飾子が未指定であると見なされます。もし、12 行目を以下のように変更すると、Sample2401 クラスからはアクセスできなくなってしまうのでコンパイル時にエラーになるので気をつけてください。

```
12:    private void setValue(int x,int y,int z) {
```

第 24 講

最後になりますが、main メソッドの定義を思い出してみてください

```
public static void main(String[] args) { …… }
```

この中でまだ明らかになっていない static というキーワードについては第 28 講で説明しますが、実は main メソッドで this キーワードが無効である理由のカギを握っています。main の後のカッコが、引数の指定なのはもうおわかりでしょう。そして仮引数の args は String クラスのオブジェクト参照型の配列になっています。この箇所については第 42 講で詳しく説明します。

コンストラクタ
―頼んではいないのだけれど……

特別なメソッド、コンストラクタ

コンストラクタ（constructor）はメソッドの一種ですが、特別なメソッドです。一番大きな違いは、通常のメソッドが明示的に対象となるオブジェクトを指定して呼び出すのに対して、**オブジェクトが生成されたときに自動的に呼び出される**という点です。また、コンストラクタのメソッド名は**必ずクラス名と一致**する点と、**戻り値の型を指定することができない**点でも違いがあります。

> 修飾子　クラス名 (仮引数の並び)

戻り値がないからといって **void** を記述してはいけません。もし記述してしまうと、コンストラクタとは認められないので注意してください。そしてコンストラクタはオブジェクトが生成されたときに自動的に呼び出されます。下のサンプルプログラムを見てください。

リスト25-1

```
01: class X {
02:   int x;
03:   public X(int i) {
04:     System.out.println("コンストラクタが呼び出されました");
05:     x = i;
06:   }
07: }
08:
09: class Sample2501 {
10:   public static void main(String args[]) {
11:     X o = new X(10);
```

```
12:        System.out.println("x = " + o.x);
13:    }
14: }
```

　11行目でnewキーワードを用いてオブジェクトを生成していますが、今までと違ってカッコの中に10と記述されていますね。これがコンストラクタに渡される引数です。3行目からあるコンストラクタの定義はint型の値をひとつ引数に取る記述になっています。つまり、「X(10)」とは、コンストラクタを通常のメソッド同様に呼び出す記述になっているとも考えられます。ただし、**コンストラクタを呼び出せるのはnewキーワードの箇所のみ**です。それ以外の箇所で勝手に呼び出すことはできません。

　サンプルプログラムでコンストラクタが実際にどんな処理を行っているかを説明します。4行目では、コンストラクタが本当に呼び出されているのかを確かめるために文字列を表示しています。5行目ではフィールドの値を設定するために仮引数xの値を代入しています。このようにコンストラクタで処理する内容は、フィールドの値を初期設定することにあります。

　11行目を実行すると、Xクラスのオブジェクト参照型変数oが示すインスタンスのフィールドxの値が10に設定されます。そして12行目では文字列とともにその値が表示されます。

なくてもあるの？　コンストラクタ

　ここで疑問が出てきます。「今までのサンプルプログラムはいくつも登場してきたけど、コンストラクタを定義したものはひとつもお目にかかっていないな。だけどちゃんと実行できているのはどうしてなの？」

　この疑問に答えるならば、もし**そのクラスにひとつもコンストラクタの定義がなかったら、自動的にコンストラクタが用意される**というカラクリがあるからです。このときどのようなコンストラクタが自動的に用意されるかというと、Xクラスを例にすると次のようになります。

```
X() {
}
```

つまり、処理としては何もしないコンストラクタが用意されるわけで、引数もありません。このようなコンストラクタのことを、**デフォルトコンストラクタ**（default constructor）と呼びます。これは、オブジェクトが生成されたときには必ずコンストラクタが自動的に呼び出される原則があるので、帳尻を合わせるために生成されるのです。

コンストラクタ抜きでフィールドを初期化

また、コンストラクタを用いなくても確実にフィールドの値を初期化する方法があります。それは、フィールドの宣言の箇所で、代入演算子で値を代入するように記述することで可能になります。サンプルプログラムを見てください。

リスト25-2

```
01: class X {
02:    int x = 1000;
03:    public X() {
04:       System.out.println("コンストラクタが呼び出されました");
05:    }
06: }
07:
08: class Sample2502 {
09:    public static void main(String args[]) {
10:       X o = new X();
11:       System.out.println("x = " + o.x);
12:    }
13: }
```

2行目のところでフィールドが宣言され、代入演算子に続けて1000という値が記述されていますね。これが、オブジェクトが生成されたときに初期値としてフィールドに設定さ

れます。

　つまり10行目でXクラスのインスタンスが生成されたとき、そのインスタンスは、2行目で指定された値で初期化されます。結果として11行目では文字列とともに、1000という値が表示されることになります。このようにあらかじめフィールドに特定の値を設定しておくことを変数と同様に初期化と呼びます。

メソッドのオーバーロード
—引数がカギ

メソッドのオーバーロード

　Javaでは、ひとつのクラスに同じ名前のメソッドを複数定義することを条件つきで認めています。その条件とは、**お互いの引数の型および数がいずれも重複しないこと**です。ただし、**戻り値の有無と型は関係ない**ので注意してください。この条件のもとで、同じ名前のメソッドを定義することを、メソッドを**オーバーロード**（overload）するといいます。
　以下のサンプルプログラムはメソッドのオーバーロードを行っている例です。

リスト26-1

```
01: class Sample2601 {
02:   void printValue(int i) {
03:     System.out.println("i = " + i);
04:   }
05:
06:   void printValue(double d) {
07:     System.out.println("d = " + d);
08:   }
09:
10:   void printValue(int i,double d) {
11:     System.out.println("i = " + i);
12:     System.out.println("d = " + d);
13:   }
14:
15:   public static void main(String[] args) {
16:     Sample2601 o = new Sample2601();
17:     o.printValue(100);
18:     o.printValue(0.25);
19:     o.printValue(100,0.25);
20:   }
21: }
```

第26講

　3種類のprintValueメソッドが定義されていますが、それぞれの引数の型と数がすべて異なっています。まず最初は、2行目から始まるprintValueメソッドで、引数はint型ひとつです。次は6行目からで、引数はdouble型ひとつです。最後は10行目からで、int型とdouble型をそれぞれひとつずつ引数にとります。このようにひとつも引数の型と数が重複していないのがわかりますね。

　17行目から19行目で3回printValueメソッドを呼び出していますが、すべて違うメソッドを呼び出しています。コンパイラはメソッドを呼び出すときに、与えられた実引数の型を見てオーバーロードされたメソッドの中でどれを呼び出すのかを決定しています。次のサンプルプログラムをコンパイルしてみてください。

リスト26-2

```
01: class Sample2602 {
02:   void printValue(int i) {
03:     System.out.println("i = " + i);
04:   }
05:
06:   int printValue(int i) {
07:     System.out.println("i = " + i);
08:     return i;
09:   }
10:
11:   public static void main(String[] args) {
12:     Sample2602 o = new Sample2602();
13:     o.printValue(100);
14:     int a = o.printValue(200);
15:   }
16: }
17:
```

　このサンプルプログラムをコンパイルするとエラーになってしまうはずです。2つのprintValueメソッドの引数はint型ひとつなので、重複しています。こういった場合はコンパイルを完了することができません。戻り値の型は関係ないというのがこれでもわかるでしょう。

コンストラクタのオーバーロード

コンストラクタもメソッドの一種なので、オーバーロードすることができます。よって、オーバーロードを活用してひとつのクラスに複数のコンストラクタを定義することが可能です。

リスト26-3

```
01: class AB {
02:    private int a;
03:    private int b;
04:
05:    AB() {
06:      a = 0;
07:      b = 0;
08:    }
09:
10:    AB(int i, int j) {
11:      a = i;
12:      b = j;
13:    }
14:
15:    void printValue() {
16:      System.out.println("a = " + a);
17:      System.out.println("b = " + b);
18:    }
19: }
20:
21: class Sample2603 {
22:    public static void main(String[] args) {
23:      AB o1 = new AB();
24:      AB o2 = new AB(100,200);
25:      o1.printValue();
26:      o2.printValue();
27:    }
28: }
```

第26講

　23行目のnewキーワードが5行目からのコンストラクタを、24行目のnewキーワードが10行目からのコンストラクタを呼び出すことになるのはおわかりですよね？　引数の型と数を意識すれば、何の問題もないはずです。

　また、コンストラクタをオーバーロードするときには、さらに便利な機能があります。それは、コンストラクタの処理の冒頭で、他のコンストラクタを呼び出せることです。これに関しては、サンプルプログラムを見てもらうのがいいでしょう。

リスト26-4

```
1: class AB {
02:    private int a;
03:    private int b;
04:
05:    AB() {
06:      this(0,0);
07:      System.out.println("AB()");
08:    }
09:
10:    AB(int i, int j) {
11:      System.out.println("AB(int i, int j)");
12:      a = i;
13:      b = j;
14:    }
15:
16:    void printValue() {
17:      System.out.println("a = " + a);
18:      System.out.println("b = " + b);
19:    }
20: }
21:
22: class Sample2604 {
23:    public static void main(String[] args) {
24:      AB o1 = new AB();
25:      AB o2 = new AB(100,200);
26:      o1.printValue();
27:      o2.printValue();
28:    }
```

```
29: }
```

　24行目のnewキーワードによって呼び出されるコンストラクタは5行目から記述されているコンストラクタです。そのコンストラクタの6行目にthis(0,0)という記述があることに注目してください。これは他のコンストラクタを呼びだすことを指定します。この場合はint型がふたつのコンストラクタを呼び出すので、10行目から記述されているコンストラクタを呼び出します。そして処理が終わると戻ってきて7行目に処理を移します。実行結果の表示は以下のようになるので、照らし合わせて考えてみてください。

```
AB(int i, int j)
AB()
AB(int i, int j)
a = 0
b = 0
a = 100
b = 200
```

　最後になりますが、**thisを使って他のコンストラクタを呼び出すのは、コンストラクタ処理の最初の行でなければいけない**ことに注意してください。それではメソッドのオーバーロードをうまく活用してすっきりとしたプログラミングができるように心がけましょう。

インスタンス変数とクラス変数
―みんなのものはボクのもの？

インスタンス変数

　この講ではクラスのフィールドをさらにふたつの概念に分類します。今までに説明してきたフィールドのことを**インスタンス変数**（instance variable）と呼びます。インスタンス変数は生成されたインスタンスがそれぞれ独自に所持するフィールドを指します。ですから、複数のインスタンスがたとえ同じクラスのインスタンスだったとしても、それぞれのインスタンスのフィールドの値は異なっているはずです。

リスト27-1

```
01: class ABC {
02:    public int a;
03:    public int b;
04:    public int c;
05:
06:    ABC(int x, int y, int z) {
07:      a = x;
08:      b = y;
09:      c = z;
10:    }
11: }
12:
13: class Sample2701 {
14:    public static void main(String[] args) {
15:      ABC o1 = new ABC(10,20,30);
16:      ABC o2 = new ABC(50,60,70);
17:    }
18: }
```

　15行目で宣言されたABCクラスのオブジェクト参照型の変数o1が持つフィールドと、

16行目で宣言された変数 o2 の持つフィールドは全く別の領域にあります。15 行目と 16 行目それぞれで違う値をコンストラクタに渡していますが、ABC クラスの宣言で 3 つのフィールド a、b、c はすべてインスタンス変数です。よって、6 行目から記述されているコンストラクタによってそれぞれのフィールドに設定された値は、インスタンスごとに完全に区別されて値を持っています。

クラス変数

クラス変数（class variable）はインスタンス変数がオブジェクト単位なのに対してクラス単位で値を持っています。言い換えると**クラス全体で値を共有している**ことになります。クラス変数を宣言するときには、**static** の修飾子を使います。

リスト27-2

```
01: class ABC {
02:   public static int count;
03:   public int a;
04:   public int b;
05:   public int c;
06:
07:   ABC(int x, int y, int z) {
08:     a = x;
09:     b = y;
10:     c = z;
11:     count++;
12:   }
13: }
14:
15: class Sample2702 {
16:   public static void main(String[] args) {
17:     System.out.println("count = " + ABC.count);
18:     ABC o1 = new ABC(10,20,30);
19:     System.out.println("count = " + o1.count);
20:     ABC o2 = new ABC(50,60,70);
21:     System.out.println("count = " + ABC.count);
22:     System.out.println("a = " + o1.a);
```

```
23:        System.out.println("a = " + o2.a);
24:    }
25: }
```

　2行目でstaticの修飾子が用いられてフィールドが宣言されているので、このint型のフィールドcountはクラス変数になります。それではこのサンプルプログラムでクラス変数に対してアクセスしている箇所を順番に見ていきましょう。

　最初はコンストラクタのところです。11行目でcountをインクリメントしています。このようにメソッド内の処理ではインスタンス変数と同じ記述でアクセスできます。次に17行目と21行目ですが、オブジェクト参照変数でなく、クラス名の後にドットを挟んでcountにアクセスしています。**クラスで共有されているなら、クラス変数はクラス名で識別できる**ため、ドットを利用して指定することになっています。また、19行目は、オブジェクト参照型変数を介してアクセスしています。これは22行目や23行目にあるインスタンス変数にアクセスするスタイルと同じですが、だからといって、インスタンスごとにcountの値が異なっているわけではありません。

　このようにクラス変数にアクセスするにはふたつのスタイルがあります。どちらにしても、値はクラスで共有されているので結果は変わりません。このサンプルプログラムの実行結果は以下のようになります。**数値型のクラス変数は明示的に初期化の記述がない場合、最初に必ず0で初期化されている**ので、最初のcountの値の表示が0になっています。表示結果と実際の処理内容とを比較してみてください。

```
count = 0
count = 1
count = 2
a = 10
a = 50
```

第28講 インスタンスメソッドとクラスメソッド
―インスタンスへは出入り禁止？

インスタンスメソッド

　この講でもフィールドのときと同様にメソッドをさらにふたつの概念に分類します。今までに説明してきたメソッドは**インスタンスメソッド**（instance method）と呼ばれます。インスタンスメソッドは、特定のオブジェクトを対象に呼び出されるメソッドのことです。

　インスタンスメソッドの処理を記述したいなら、特定のオブジェクト参照型の変数を指定しなくてもフィールドにアクセスできます。それが、thisキーワードのおかげであることは前の講で説明したので、もう納得できるでしょう。

リスト28-1

```
01: class ABC {
02:    private int a;
03:    private int b;
04:    private int c;
05:
06:    ABC(int x, int y, int z) {
07:      a = x;
08:      b = y;
09:      c = z;
10:    }
11:
12:    void printValue() {
13:      System.out.println("a = " + a);
14:      System.out.println("b = " + b);
15:      System.out.println("c = " + c);
16:    }
17: }
18:
19: class Sample2801 {
20:    public static void main(String[] args) {
```

第28講

```
21:     ABC o1 = new ABC(10,20,30);
22:     o1.printValue();
23:   }
24: }
```

22行目で、ABCクラスのオブジェクト参照型の変数o1が指すオブジェクトによってprintValueメソッドを呼び出しています。このprintValueメソッドはインスタンスメソッドです。12行目からのメソッドの処理ではフィールドの値を表示していますが、thisキーワードがメソッドを呼び出したインスタンスを指し示す参照を保持しています。そのため、フィールドa、b、cはフィールド名のみで事足りる、という話はインスタンス変数のところですでにしていますね。まとめになりますが、インスタンスメソッドがインスタンス変数へアクセスするのに、特定のインスタンスを必要としないでできるのは、thisキーワードの恩恵を受けているからです。

クラスメソッド

クラスメソッド（class method）は、クラス変数のようにクラス単位で共有されるメソッドです。クラスメソッドを宣言するときもstaticの修飾子を使います。クラスメソッドはインスタンスメソッドと違って、**インスタンス変数にアクセスすることもインスタンスメソッドを呼び出すこともできません。**

リスト28-2

```
01: class X {
02:   public static int x;
03:
04:   public static void printValue() {
05:     System.out.println("value :" + x);
06:   }
07:
08:   public static void printValue(int i) {
09:     System.out.println("value :" + i);
10:   }
```

```
11: }
12:
13: class Sample2802 {
14:   public static void main(String[] args) {
15:     X.x = 123;
16:     X.printValue();
17:     X.printValue(1000);
18:     X o = new X();
19:     o.printValue(200);
20:   }
21: }
```

　printValueメソッドがオーバーロードされてふたつ定義されていますが、いずれもstaticの修飾子があるのでクラスメソッドです。15行目ではクラス変数に値を代入して、16行目でさっそくクラスメソッドを呼び出しています。クラス変数のときのように、クラス名のあとにドットを続けてメソッド名を記述することで呼び出しています。17行目でも同様にクラスメソッドを呼び出しています。

　続いて19行目では、Xクラスのオブジェクト参照型の変数oによって、クラスメソッドを呼び出そうとしています。クラスメソッドでも、呼び出すときにはクラス変数のようにふたつの方法があります。オブジェクト参照型の変数によってアクセスするか、クラス各の識別子によってアクセスするかの方法ですね。ただし、オブジェクト参照型の変数を介して呼び出したからといってインスタンス変数やインスタンスメソッドが利用できるわけではありません。

　表示結果は以下のようになります。前の講のときのように実際の処理内容と比較してみましょう。

```
value :123
value :1000
value :200
```

第29講 再び変数
―なわばりと寿命

ローカル変数

今度は変数を別の角度から分類しましょう。今回は変数をインスタンス変数、クラス変数、**ローカル変数**（local variable）の3種類に分類します。**ローカル変数とは、メソッドの内部で独自に宣言された変数です**。以下のサンプルプログラムを見てください。

リスト29-1

```
01: class X {
02:    private int x;
03:
04:    void setValue(int i) {
05:       x = i;
06:    }
07:
08:    int getValue() {
09:       return x;
10:    }
11: }
12:
13: class Sample2901 {
14:
15:    static void printValue(X obj) {
16:       System.out.println("value = " + obj.getValue());
17:    }
18:
19:    public static void main(String[] args) {
20:       X o = new X();
21:       o.setValue(123);
22:       printValue(o);
23:    }
24: }
```

20行目で宣言されているXクラスのオブジェクト参照型の変数oはローカル変数です。見方を変えれば、インスタンス変数でもクラス変数でもなければ、ローカル変数と考えることもできます。

なわばりと寿命は、中カッコで決まる

次に変数にアクセスできる範囲と変数の寿命について考えてみます。変数にアクセスできる範囲のことを**スコープ**（scope）と呼びますが、このスコープを規定するのに中カッコのペアで指定されたブロックが密接に関係してきます。

ローカル変数のスコープは完全にブロックと一致しています。ローカル変数はブロックの最初にメモリを確保して生成され、ブロックの終わりで破棄されます。先ほどのサンプルプログラムの変数oは、mainメソッドのローカル変数なのでmainメソッドの開始から終了までが寿命となります。

また、if文やfor文によって、さらにメソッド内部に中カッコによるブロックが存在している場合は、**外から中は見えないが中から外は見える**という原則があります。

リスト29-2

```
01: class Sample2902 {
02:
03:     public static void main(String[] args) {
04:         int x = 0;
05:         for(int i = 1; i <= 10; i++) {
06:             x = x + i;
07:         }
08:         System.out.println("total = " + x);
09:     }
10: }
```

変数 x は for 文のブロック内でも参照可能
（中から外は見える）

変数 i を参照することはできない
（外から中は見えない）

インスタンス変数は、そのインスタンスを指し示すオブジェクト参照型の変数がある限り、どこからでもアクセスできます。ただし可視性の制限を越えないことが条件です。そして、その寿命はインスタンス自体の寿命と一致します。インスタンス自身の寿命は、

第29講

　newキーワードによってオブジェクトが生成されてから、ひとつもオブジェクト参照型の変数から指し示されなくなって、さらにJava VMが判断したタイミングで破棄されるまでです。

　この破棄作業のことを**ガベージコレクション**（garbage collection）と呼んでいますが、オブジェクトを参照しているオブジェクト参照型の変数がひとつもなくなってしまった時点で、再びそのオブジェクトを参照することは不可能です。実質的なインスタンス変数の寿命は、そのオブジェクトを指し示しているオブジェクト参照型の変数の寿命に依存すると考えていいでしょう。

　最後に、クラス変数は可視性の制限を越えなければどこからでもアクセスすることができます。その寿命は、プログラムの開始からプログラムの終了までとなります。

バッティングしたらどうなる？

　場合によっては、ローカル変数とインスタンス変数、クラス変数の変数名が一緒になってしまう可能性があります。こういったときには、ローカル変数が優先されることになっています。次のサンプルプログラムを見てください。

リスト29-3

```
01: class X {
02:    static int i = 100;
03:    int j = 200;
04:
05:    void printValue() {
06:       System.out.println("i = " + i);
07:       System.out.println("j = " + j);
08:       int i = 123;
09:       int j = 456;
10:       System.out.println("i = " + i);
11:       System.out.println("j = " + j);
12:    }
13: }
14:
15: class Sample2903 {
```

```
16:    public static void main(String[] args) {
17:      X o = new X();
18:      o.printValue();
19:    }
20: }
```

このサンプルプログラムの実行結果は以下のようになります。

```
i = 100
j = 200
i = 123
j = 456
```

6行目の変数iの値は100、7行目の変数jの値は200と表示されています。つまり、変数iはXクラスのクラス変数に、変数jはXクラスのインスタンス変数にアクセスしています。続いて10行目の変数iの値は123、11行目の変数jの値は456と表示されています。よって、変数iは8行目で宣言され初期化されたローカル変数に、変数jは9行目で宣言され初期化されたローカル変数にアクセスしています。

6行目や7行目の時点では、まだローカル変数が宣言されていませんでしたが、10行目や11行目になるとローカル変数が宣言されています。どの変数に対してアクセスするか、というときにローカル変数が優先されるのがこれでわかりますね。

変わらないのに変数？

final という修飾子を変数の宣言で使用すると、その変数は初期化された値から一切変更できないことを指定できます。**finalを用いるときには、必ず同時に初期化しなければいけません。** このように値を更新することが禁じられた変数のことを **定数**（constants）とも呼びます。finalを用いる変数の宣言ではそういった性質があるので、同時にstatic修飾子も併用して、**クラス変数として宣言するのが一般的**です。値が変わらないなら、インスタンス変数にしても意味がないからです。

第29講

リスト29-4

```
01: class X {
02:    static final int MAX = 100;
03:    final static int MIN = -100;
04:    final int DEFAULT = 10;
05: }
06:
07: class Sample2904 {
08:    public static void main(String[] args) {
09:       System.out.println("value = " + X.MAX);
10:       System.out.println("value = " + X.MIN);
11:       X o = new X();
12:       System.out.println("value = " + o.DEFAULT);
13:    }
14: }
```

　Xクラスの宣言で3つのint型の定数となる変数が宣言されています。2行目と3行目はクラス変数として宣言しています。staticとfinalの順番はどちらでもかまいませんが、慣習ではstaticのほうを先にするのが一般的です。4行目はインスタンス変数として宣言していますが、これ自体は問題にはなりません。

　3つの定数の宣言は、いずれも代入演算子によって初期化されています。もしこの記述がないとエラーになってしまいますので、確かめてみてください。

　9行目と10行目では、クラス変数として宣言された定数の値を表示しています。アクセスするには、通常のクラス変数と方法に変わりはありません。これに対して、インスタンス変数として宣言された定数にアクセスするには、インスタンスを介して行う必要があります。インスタンスのフィールドの状態が変わったとしても定数は定数なので値が変わることはありません。そんなわけで、定数はクラス変数として宣言されるのが一般的なのも納得できますね。

コーディングの作法
―どうせなら綺麗に書こう

アンリトゥンルール

オラクル社のサイト（http://www.oracle.com/technetwork/java/codeconventions-150003.pdf）で「Java Code Conventions」という文書があります。日本語に訳すと「Javaプログラミング言語コーディング規約」となるでしょう。この文書はJavaの文法規則を解説するものではなく、どのようなスタイルでプログラムを記述すべきかというガイドラインを示しています。

アメリカの野球のメジャーリーグでは野球の公式ルールのほかに、「試合の終盤で大量にリードしているときは盗塁をしてはいけない」などの不文律があります。もし破ると、死球で報復されることになります。この不文律のことをアンリトゥンルールと呼びますが、先ほどの文書もJavaにおけるアンリトゥンルールのようなものです。

実際には問題なく動くプログラムだとしても、とても読みにくいことがよくあります。**注意を怠ると他人から見てもわかりにくいプログラムを書いてしまうのは簡単です。**この講では、他人が見てもわかりやすいプログラムを書く作法を「Javaプログラミング言語コーディング規約」をふまえて説明します。これからは、「Javaコーディング規約」と略して呼ぶので、あらかじめご承知おきください。

プログラムの中にメモを入れておく

今まで記述したプログラムの内容はすべて処理のために必要なことでした。しかしここでは、「こういった目的である」などのメモをプログラムに記述することができます。このメモを**コメント**（comment）と呼びます。コメントはコンパイルのときには完全に無視されるので、実際の動作にはまったく関係ありません。

コメントを記述するには、3通りの方法があります。

第30講

(1) 単一行コメント　　// に始まり、その行の末尾までをコメントと見なします

(2) 複数行コメント　　/* に始まり、*/ までをコメントと見なします。その間が複数行にわたってもかまいません

(3) ドキュメント用コメント　　/** に始まり、*/ までをコメントと見なします。JDK に付属する javadoc というコマンドを用いると、プログラムから自動的にクラス定義などを説明する文書を作成でき、このときに説明文として記載されます

Java コーディング規約によるコメントの入れ方の例を下のサンプルプログラムで示します。

リスト30-1

```
01: /*
02:  * コメントの使い方の例
03:  * アスタリスク(*)を左のように配置して見やすくする
04:  */
05:
06: /**
07:  * Class X   クラス宣言に関するコメント
08:  * version 1.00
09:  * update 2001/09/09
10:  */
11: class X {
12:    /** 最大値 */
13:    static final int MAX = 100;
14:
15:    /** 最小値 */
16:    final static int MIN = -100;
17:
18:    /** 標準値 */
19:    final int DEFAULT = 10;
20:
21:    /**
22:     * 最大値を表示
23:     */
24:    static void printMAX() {
```

```
25:     /* 表示を行う */
26:     System.out.println(X.MAX); /* これで表示完了 */
27: //   System.out.println(X.MIN);
28:   }
29: }
30:
```

単一行コメントは、Javaコーディング規約ではプログラムの記述を無効にするために利用することを推奨しています。これだと、行全体を消してしまうのと違って後から元に戻すことができます。コメントを随所に配置することで、読みやすいプログラムにすることができます。プログラミングに慣れていない人はコメントをほとんど配置しない傾向があるので、気がつく限りコメントを配置するように心がけましょう。

ただし、本講義で紹介しているサンプルプログラムは、レイアウトの都合で意図的にコメントをつけていません。

どこから書きますか？

次の例はいずれも文法的には問題ありません。

リスト30-2

```
01: class X {
02:   static int MIN;
03:   static void printMAX() {
04:     System.out.println(X.MAX);
05:   }
06: }
```

リスト30-2

```
01: class X {
02: static int MIN;
```

第30講

```
03: static void printMAX() {
04: System.out.println(X.MAX);
05: }
06: }
```

リスト30-4

```
01: class X
02: {
03:   static int MIN;
04:   static void printMAX()
05:   {
06:     System.out.println(X.MAX);
07:   }
08: }
```

　それぞれ違うインデントの形式ですが、Javaでは、一番最初のサンプルのスタイルにするのが一般的です。ブロックの最初の中カッコは単独の行に記述しないで、前の文の末尾に配置します。そして、ブロック内の記述はタブひとつ分ずらして記述します。一般的にはタブ文字は4文字分のスペースになりますが、本書では組版の関係で2文字となっています。

隙間がポイント

　例えば、

```
int i = 1;
int i=1;
```

はどちらも正しいですが、Javaコーディング規約では前者を推奨しています。そこでJavaコーディング規約で推奨しているスペースの挿入位置を紹介しておきます。

- キーワードとカッコの間（例：if、for）。ただしメソッドの呼び出しの際は別
- 引数を区切るカンマの後
- 「＋＋」と「－－」を除く演算子とオペランドの間
- for 文のカッコ内のセミコロンの後
- キャストの後（例：(int) d）

名前を付けるコツ

識別子の命名に関しての基準も Java コーディング規約では示されています。

- クラス名は名詞で、単語の先頭は大文字にする
- メソッド名は動詞。あるいは動詞と名詞で、最初の単語は小文字で、その後の単語は大文字となる
- 変数は、最初の単語は小文字で、その後の単語は大文字にする
- 定数はすべて大文字。単語と単語はアンダーバー（_）で区切る

実際の例は以下のようになります。

```
class AccountData
void printAccount()
int myAccount
static final int MAX_ACCOUNT
```

　この講の内容は直接文法事項とは関係ありませんが、人が見てもわかりやすいプログラムを作成するには必要なことです。Java コーディング規約については、そのすべてを紹介することはできませんでしたが、ウェブで参照できますので、ぜひともご覧になることをお勧めします。

第31講 継承の実装
— スーパークラスがあればよし

継承の実装

この講では第10講で説明した継承をJavaで記述する方法について説明します。Javaで継承の関係を記述するには、**extends**キーワードを利用します。

```
class サブクラス名 extends スーパークラス名 {
    ( サブクラスのフィールド宣言とメソッド定義 )
}
```

どのクラスをスーパークラスとするかを、extendsキーワードを用いて指定してサブクラスを宣言します。UMLでは矢印を使ってこのクラスがスーパークラスだと指定するのに対して、Javaではextendsキーワードを利用します。それではさっそく実際の例を見てみましょう。

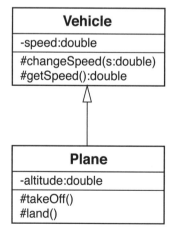

図31-1●クラス図

このクラス図をJavaで実装すると以下のようになります。

リスト31-1

```
01: class Vehicle {
02:
03:   private double speed;
04:
05:   protected void changeSpeed(double s) {
06:     speed = s;
07:   }
08:
09:   protected double getSpeed() {
10:     return speed;
11:   }
12: }
13:
14: class Plane extends Vehicle {
15:
16:   private double altitude;
17:
18:   protected void takeOff() {
19:     if(getSpeed() >= 300.0) {
20:       System.out.println("離陸します");
21:     }
22:     else {
23:       System.out.println("離陸できる速度に達していません");
24:     }
25:   }
26:
27:   protected void land() {
28:     altitude = 0.0;
29:   }
30: }
```

4行目に extends キーワードがありますね。この場合 Plane クラスは、Vehicle クラスを継承していることがわかります。このように、**継承することを明示的に記述するのは比較**

第31講

的簡単なわけです。

スーパークラスへのアクセス

サブクラスのインスタンスを生成する方法は今までとまったく同じで new キーワードを用います。それと第 10 講で説明しましたが、サブクラスのインスタンスはスーパークラスのフィールドとメソッドをすべて含んでいます。また第 21 講で説明したアクセス制限によって、スーパークラスのフィールドやメソッドにアクセスできない可能性があります。

Vehicle クラスのフィールドである speed は private の修飾子をともなっています。よって、サブクラスの Plane クラスからはアクセスすることは不可能です。そのため、protected の changeSpeed メソッドと getSpeed メソッドを利用してアクセスすることになります。もし Vehicle クラスのフィールド speed が private でなかったら、これらのメソッドを利用する必要性はなくなってしまいます。

それでは、実際にサブクラスのインスタンスを生成するように、さきほどのサンプルプログラムに以下の記述を追加してみましょう。

リスト31-2

```
31:
32: class Sample3101 {
33:   public static void main(String[] args) {
34:     Plane o = new Plane();
35:     o.changeSpeed(0.0);
36:     for(int i = 0; i <= 300; i+=50) {
37:       o.changeSpeed(i);
38:       o.takeOff();
39:     }
40:     System.out.println("離陸しました");
41:   }
42: }
```

34 行目で Vehile クラスのサブクラスである Plane クラスのインスタンスを生成していますが、今までと何らスタイルが変わっているわけではありません。35 行目では、サブクラ

スのオブジェクト参照型変数 o を用いてスーパークラスの changeSpeed メソッドを呼び出しています。**可視性を侵さない限り、サブクラスのインスタンスを指し示すオブジェクト参照を用いて、スーパークラスに属するメソッドを呼び出すことが可能**です。

この場合も changeSpeed メソッドを呼び出すことに問題はありません。これはこのメソッドのアクセス制限の指定が protected だからです。ピンとこない人はもう一度第 21 講の表を見直して考えてみてください。

すべてのクラスのスーパークラス

Vehicle クラスの宣言には extends キーワードは見あたりませんが、実は Vehicle クラスにもスーパークラスが存在します。もし、**extend キーワードがない場合、そのクラスは、Object クラスのサブクラスとなります。**結局、Plane クラスは Object クラスを継承した Vehcle クラスを継承していることになります。つまり、すべてのクラスは継承関係をたどっていけば Object クラスをスーパークラスに持つことになります。

「今までのサンプルプログラムには、Object クラスの宣言なんてどこにもなかったではないか」と疑問に思う人もいるでしょう。その疑問は間違っていません。Object クラスの宣言は、あらかじめ用意された**クラスライブラリ**（class library）というクラス宣言が集まったファイルにあります。このクラスライブラリの所在に関しては、第 36 講のパッケージの箇所で改めて説明します。

Object クラスにも、当然ながらフィールドとメソッドがありますが、本書ではその詳細は扱いません。extends キーワードがなかったとしても、そのクラスは、Object クラスがスーパークラスなんだということを理解しておけばよいでしょう。

たまには力試し

今まで皆さんにプログラミングの演習をしてもらうことがなかったので、小手調べに練習課題としてやっていただきましょう。お題は、円の面積を求めるプログラムです。あらかじめ Size クラスを用意しましたので、このクラスを継承してサブクラスを作成してください。サブクラスの名前は、Round クラスということにしましょう。そして、Round クラ

第31講

スには、面積を算出する getArea メソッドを定義してください。

Size クラスについては、図 31-2 とリスト 31-3 に、クラス図とクラス宣言を示しますので参照してください。

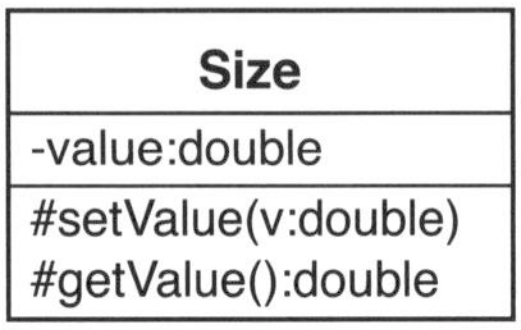

```
        Size
-value:double
#setValue(v:double)
#getValue():double
```

図31-2●Sizeクラス

リスト31-3

```
01: class Size {
02:     private double value;
03:
04:     protected void setValue(double v) {
05:         value = v;
06:     }
07:
08:     protected double getValue() {
09:         return value;
10:     }
11: }
```

それから、Training31 クラスに main メソッドを定義して、半径が 125.3 と、251.4 の円ふたつの面積を計算して、結果を画面に表示するようにしてください。念のため、円の面積を求める公式は、(半径) × (半径) × (円周率) です。円周率は、3.141592 とします。それでは作成したプログラムの例を次に示しますので、一度本書を閉じてがんばって課題にチャレンジしてください。

リスト31-4

```
01: class Size {
02:   private double value;
03:
04:   protected void setValue(double v) {
05:     value = v;
06:   }
07:
08:   protected double getValue() {
09:     return value;
10:   }
11: }
12:
13: class Round extends Size {
14:   public Round(double d) {
15:     setValue(d);
16:   }
17:
18:   public double getArea() {
19:     double d = getValue() * getValue() * 3.141592;
20:     return d;
21:   }
22: }
23:
24: class Training31 {
25:   public static void main(String[] args) {
26:     Round o1 = new Round(125.3);
27:     Round o2 = new Round(251.4);
28:     System.out.println("半径" + o1.getValue()
29:                        + "の円の面積 = " + o1.getArea());
30:     System.out.println("半径" + o2.getValue()
31:                        + "の円の面積 = " + o2.getArea());
32:   }
33: }
```

解答例について少し説明をしましょう。Round クラスの宣言でコンストラクタがあってもなくてもかまいませんが、コンストラクタを定義しない場合、Round クラスに setValue

メソッドを呼び出す何らかのメソッドを定義するか、Training31 の main メソッドで setValue メソッドを直接呼び出す必要があります。

　この場合 Size クラスのフィールド value に一度値を設定したら変更する必要はないので、コンストラクタを定義して、そこで setValue メソッドを呼び出す設計にしたほうが簡潔です。そのときの状況に応じて定義すべきメソッドを考える習慣をつけてください。

　Round クラス内のメソッドでも、直接フィールド value にアクセスすることはできません。19 行目で getValue メソッドを呼び出しているのはこのためです。同様にして、Training クラスの main メソッドで getValue メソッドを呼び出して、フィールド value の値を求めています。結局、フィールド value に private が指定されているので、Size クラス以外のクラスからアクセスするには、必ず getValue メソッドか setValue メソッドが呼び出されることに決まっています。

　フィールドをアクセスするときに、必ずメソッドを通すのは、見通しのよい設計にするひとつの方法なので覚えておいてください。

第32講 継承とコンストラクタ
―やはり親が優先

サブクラスだってクラスには違いない

　サブクラスといえどもクラスであることに変わりはありません。よって、オブジェクトが生成されるときにコンストラクタが呼び出されます。ただしサブクラスの場合は、**先にスーパークラスのコンストラクタが呼ばれ、次にサブクラスのコンストラクタが呼ばれます。**

　newキーワードで指定されたコンストラクタへ渡す引数はサブクラスのコンストラクタに渡されます。このとき、サブクラスのコンストラクタを実行する前に、自動的にスーパークラスのコンストラクタが呼びだされることになります。また、**通常はスーパークラスのコンストラクタに引数は渡されません。**つまり、デフォルトコンストラクタが呼びだされます。

　それではサンプルプログラムで実際の動作を確認してみましょう。

リスト32-1

```
01: class X {
02:     int x;
03:
04:     X() {
05:       x = 100;
06:     }
07: }
08:
09: class Y extends X {
10:     int y;
11:
12:     Y() {
13:       y = 200;
14:     }
15: }
```

第32講

```
16:
17: class Z extends Y {
18:    int z;
19:
20:    Z() {
21:       z = 300;
22:    }
23: }
24:
25: class Sample3201 {
26:    public static void main(String[] args) {
27:       Z o = new Z();
28:       System.out.println("x = " + o.x);
29:       System.out.println("y = " + o.y);
30:       System.out.println("z = " + o.z);
31:    }
32: }
```

　1行目から7行目はXクラスの宣言で、int型のフィールドxがひとつ宣言されています。また、引数なしのコンストラクタがひとつ定義されており、フィールドxの値を100に設定しています。

　9行目から15行目はYクラスの宣言です。Yクラスが、Xクラスを継承しているのは9行目を見ればわかります。int型のフィールドyが宣言されているので、Yクラスのフィールド数はXクラスのフィールドも含めてふたつになります。Yクラスでも引数なしのコンストラクタが定義されており、フィールドyの値を200に設定しています。

　続いて17行目から23行目はZクラスの宣言です。ZクラスはYクラスを継承しているので、YクラスのスーパークラスであるXクラスも継承していることになります。よって、Zクラスのフィールド数は自分自身で宣言したint型のフィールドzを含めると3つです。コンストラクタは、今までと同様にフィールドzの値を300に設定しています。

　動作結果は次のようになります。

```
x = 100
y = 200
z = 300
```

これを見れば各クラスのデフォルトコンストラクタが呼び出されているのがわかるでしょう。

コンストラクタを指名する

スーパークラスでデフォルトコンストラクタ以外のコンストラクタを呼び出したい場合は、**superキーワード**を利用します。同一クラスの別のコンストラクタを呼び出すのにthisキーワードを用いたのと似ていますね。サブクラスのコンストラクタの冒頭で、スーパークラスに渡したい引数をメソッドの呼び出しと同様にsuperに続けて記述します。それでは、superキーワードを用いるように先ほどのプログラムを修正してみます。

リスト32-2

```
01: class X {
02:   int x;
03:
04:   X(int a) {
05:     x = a;
06:   }
07: }
08:
09: class Y extends X {
10:   int y;
11:
12:   Y(int a, int b) {
13:     super(a);
14:     y = b;
15:   }
16: }
17:
```

```
18: class Z extends Y {
19:     int z;
20:
21:     Z(int a, int b, int c) {
22:         super(a,b);
23:         z = c;
24:     }
25: }
26:
27: class Sample3202 {
28:     public static void main(String[] args) {
29:         Z o = new Z(1,2,3);
30:         System.out.println("x = " + o.x);
31:         System.out.println("y = " + o.y);
32:         System.out.println("z = " + o.z);
33:     }
34: }
```

1行目から7行目のXクラスの宣言では、コンストラクタの引数がint型をひとつ取るように変わっています。9行目から16行目のYクラスの宣言では、コンストラクタの定義に注目してください。

クラスyのコンストラクタで指定されている引数は、int型をふたつ取るようになっています。13行目でsuperキーワードによってスーパクラスのコンストラクタに引数aの値を渡します。つまり、4行目からのコンストラクタが起動されることになります。14行目では、フィールドyにもうひとつの引数bの値を代入しています。

18行目から25行目までが、クラスZの宣言です。このクラスのコンストラクタは、int型の引数を3つ取ります。22行目で、superキーワードによってYクラスのコンストラクタを呼び出し、そのときに引数aと引数bの値を渡しています。23行目で残った引数cの値はフィールドzを設定するのに利用しています。

Sample3202クラスのmainメソッドで、クラスZのインスタンスを生成しています。29行目でその処理を行っていますが、Zクラスのコンストラクタに3つの引数を渡しています。また、この場合は、1、2、3という値を渡していますが、このうちZクラスのコンストラクタ内で、1と2の値がYクラスのコンストラクタに渡され、Yクラスのコンストラクタ

では、1の値がXクラスのコンストラクタに渡されます。

　結果として、Zクラスが持つフィールドx、y、zの値は、順に1、2、3に設定されます。プログラムを参照して確認してみてください。そして、実際の実行結果でも確認をしましょう。

```
x = 1
y = 2
z = 3
```

　superキーワードをうまく使えば、継承の関係をより洗練して活用することができます。なお、明示的にコンストラクタを呼び出すためにthisキーワードもありますが、**thisキーワードとsuperキーワードを併用することはできません。**また、thisキーワードもsuperキーワードもコンストラクタの処理を記述する最初の行でしか利用することができない点にも注意してください。

動作の流れをはっきりと確認するには

　先ほどのサンプルプログラムでは、表示された実行結果の値によってどのコンストラクタが呼び出されたかを断定していましたが、もっとストレートに確かめる方法があります。本来コンストラクタは、インスタンスが生成されるときの各種初期設定をするためのものですが、まったく関係ない処理を記述しても文法的には問題ありません。ただ、まったく突拍子もないことを処理するのは、やはり設計という点から考えると慎まなくてはいけません。

　さて、実際にコンストラクタが呼び出されたことを明らかにするために、コンストラクタの処理で画面にメッセージを表示することにします。このように、開発段階で処理の流れを確認するために、本来の処理とは関係がない画面表示などの命令を含めておくことが一般的に行われています。最終的に開発が終了したら削除すればいいわけです。

　それでは以下に示すサンプルプログラムを実行してみましょう。実際に実行する前に、画面にはどのようなメッセージが表示されるのかを復習を兼ねて予想してください。

リスト32-3

```
01: class X {
02:    int x;
03:
04:    X() {
05:      System.out.println("X() 起動");
06:      x = 0;
07:    }
08:
09:    X(int a) {
10:      System.out.println("X(int a) 起動");
11:      x = a;
12:    }
13: }
14:
15: class Y extends X {
16:    int y;
17:
18:    Y() {
19:      this(0);
20:      System.out.println("Y() 起動");
21:    }
22:
23:    Y(int b) {
24:      System.out.println("Y(int b) 起動");
25:      y = b;
26:    }
27:
28:    Y(int a, int b) {
29:      super(a);
30:      System.out.println("Y(int a,int b) 起動");
31:      y = b;
32: }
33:
34: class Sample3203 {
35:    public static void main(String[] args) {
36:      Y o1 = new Y(10,20);
37:      Y o2 = new Y(100);
```

```
38:        Y o3 = new Y();
39:    }
40: }
```

実行結果は以下のようになります。

```
X(int a) 起動
Y(int a, int b) 起動
X() 起動
Y(int b) 起動
X() 起動
Y(int b) 起動
Y() 起動
```

　まず、36 行目の new キーワードの記述に対応するコンストラクタは、28 行目から始まる「Y(int a, int b)」です。このコンストラクタでは冒頭に「super(a)」とあるので、「X(int a)」の形式のコンストラクタを呼び出します。呼び出される順番は、スーパクラスである X クラスが先なので、

```
X(int a) 起動
Y(int a, int b) 起動
```

と表示されます。

　続いて 37 行目の記述では「Y(int b)」の形式のコンストラクタに対応します。23 行目からの記述から、this キーワードも、super キーワードも指定がないので、X クラスのデフォルトコンストラクタが呼び出されます。X クラスのコンストラクタが先に起動されることに変わりはないので、

```
X() 起動
Y(int b) 起動
```

と表示されます。

　最後に 38 行目で、Y クラスのデフォルトコンストラクタが呼び出されます。18 行目にその定義があります。その行の冒頭で「this(0)」とあるので、同じ Y クラスのコンストラクタを呼び出すことになりますが、その前に X クラスのコンストラクタを起動します。この場合は super キーワードを併用できないので、デフォルトコンストラクタが呼びだされます。それから Y クラスに定義されている「Y(int b)」の形式のコンストラクタを呼び出します。よって、

```
X() 起動
Y(int b) 起動
Y() 起動
```

と表示されます。
　ちょっとパズルみたいですが、原理原則に従って考えれば難しくないと思います。大原則は、「サブクラスのコンストラクタが呼ばれる前に、必ずスーパークラスのコンストラクタも呼び出される」ことだということを、忘れないでください。

第33講 継承しないクラス間の関係
― 一筋縄ではいかない関係

finalクラス

何らかの意図があってあるクラスのサブクラスの宣言を禁止したいときには、**final** キーワードを利用します。final キーワードを用いて宣言したクラスのことを、**final クラス**（final class）と呼びます。本書では、final クラスとして宣言すべきケースについての議論は具体的には扱いません。クラスの設計技法については、本講義の範囲を超えてしまうからです。次のサンプルプログラムを見て下さい。

リスト33-1

```
01: final class X {
02:     int x;
03: }
04:
05: class Y extends X {
06:     int y;
07: }
```

final キーワードの使い方は、class キーワードの前に修飾子として記述するだけです。このサンプルプログラムをコンパイルしてもエラーになってしまいます。Y クラスが final クラスの X クラスを継承しようとしているからです。

第33講

集約の実装

第7講でクラス間の関係の集約について説明しました。Javaでは、**集約はあるクラスのフィールドに他のクラスのオブジェクト参照型を持つことで実現します。**

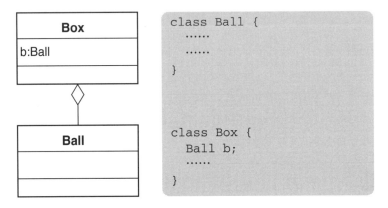

図33-1●集約

この例の場合、Boxクラスのフィールドに Ball クラスのオブジェクト参照型のフィールド b があります。Box クラスのインスタンスを生成しただけでは、フィールド b は Ball クラスのインスタンスを指し示すようにはならないので、明示的に Ball クラスのインスタンスも生成するように記述する必要があります。

ふたつのクラスの関係がただの集約の関係ではなくてコンポジション集約の場合は、先ほどの Box クラスと Ball クラスで説明すると、単独で Ball クラスのインスタンスが存在しないように実装することで実現できます。つまり、Ball クラスのインスタンスが存在しているとしたら、それを指し示すオブジェクト参照型の変数は Box クラスのインスタンスのフィールドのみに存在する状態であることが条件です。

UMLのときに、概念的な問題だった継承と集約の違いが、Javaで実際に実装するときにはまったく違ったアプローチになるのがわかりますね。両者の違いを概念と実装の両方でマスターするようにしてください。

集約の実装例

せっかくなので、集約を実際に実装した例を見てみましょう。今回は線分を扱うクラスを例にします。線分は2点の座標によって表すことができます。座標を表すクラスをPointクラス、線分を表すクラスをLineクラスとしましょう。ふたつのクラス図を以下に示します。

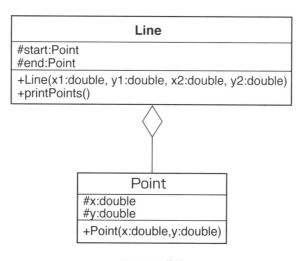

図33-2●集約

このクラス図を実装したサンプルプログラムは以下のようになります。

リスト33-2

```
01: class Point {
02:    protected double x;
03:    protected double y;
04:
05:    public Point(double a, double b) {
06:       x = a;
07:       y = b;
08:    }
09: }
10:
```

```
11: class Line {
12:    Point start;
13:    Point end;
14:
15:    public Line(double x1, double y1, double x2, double y2) {
16:       start = new Point(x1,y1);
17:       end = new Point(x2,y2);
18:    }
19:
20:    public void printPoints() {
21:       System.out.println("線分の座標は、"
22:                          + "("+ start.x + "," + start.y +")"
23:                          + "-"
24:                          + "("+ end.x + "," + end.y +")"
25:                          +"です。");
26:    }
27: }
28:
29: class Sample3302 {
30:    public static void main(String[] args) {
31:       Line o = new Line(100,200,300,400);
32:       o.printPoints();
33:    }
34: }
```

　1行目から9行目でPointクラスを宣言しています。この箇所についてはもう詳しい説明はしなくても大丈夫でしょう。11行目からLineクラスの宣言が始まっています。今までのサンプルプログラムとは、クラスのフィールドがオブジェクト参照型である点で異なっています。そのため、どこかのタイミングでインスタンスを生成して、その参照を代入する必要があります。このサンプルプログラムでは、Lineクラスのコンストラクタでその作業をしています。

　15行目からLineクラスのコンストラクタが定義されています。Lineクラスは、2次元の座標をふたつ持つことで線分を表しています。よって、コンストラクタの引数はdouble型の数値を4つ取っています。16行目で線分の始めの座標として、Pointクラスのインスタンスを生成して、4つの引数のうち、前の2つを渡しています。

一方、17行目では、線分の終わりの座標として、同様にPointクラスのインスタンスを生成し、残りふたつの引数を渡しています。この処理が終わった時点で、Lineクラスのふたつのフィールドstartとendは、有効なPointクラスのインスタンスを指していることになります。

　20行目からは、Lineクラスのインスタンスが所持している座標の値を表示するprintPointsメソッドの定義が始まります。21行目から25行目までは、よく見るとそれぞれの行で、すべてがprintlnメソッドを呼び出す記述になっています。線分の開始と終了のそれぞれがX座標とY座標を表示しています。これについては、実行結果を確認したほうが説明するよりもわかりやすいでしょう。実行結果は以下のようになります。

線分の座標は、(100.0,200.0)-(300.0,400.0)です。

　29行目からはSample3302クラスのmainメソッドの定義です。Lineクラスのインスタンスを生成して、そのときに線分の座標を設定できるようにコンストラクタに引数を渡しています。そして、32行目でprintPointsメソッドを呼び出してその座標を表示しています。

　今回のサンプルプログラムでは、Lineクラスのフィールドにオブジェクト参照が入っていることと、コンストラクタでそのフィールドにインスタンスを生成して有効なオブジェクト参照を設定している点に注目してください。

第34講 メソッドのオーバーライド
—ポリモーフィズムここにあり

メソッドのオーバーライド

Javaでポリモーフィズムは、メソッドの**オーバーライド**（override）によって実現されます。一言で説明すれば、メソッドのオーバーライドとは、スーパークラスとサブクラスで、まったく同じメソッド名、引数、戻り値の型であるメソッドがそれぞれ定義されていることです（ただしJ2SE 5.0になり文法が追加され、戻り値については一致していないのが許容されるケースができました。詳しくは補講第6講を参照して下さい）。

そしてJavaでは、ポリモーフィズムを実現するためにもうひとつのルールがあります。それは、**サブクラスのインスタンスをnewキーワードで生成してスーパークラスのオブジェクト参照型の変数に代入したとしても、そのオブジェクト参照型の変数は実際に生成されたオブジェクトがどのクラスのインスタンスかを忘れないで記憶している**というルールです。このルールがあるからこそ、オーバーライドされたメソッドを呼び出すときに、対象となるオブジェクトはスーパークラスであると思って呼び出すことができるのです。実際の例を第11講のポリモーフィズムの説明で思い出してください。それではサンプルプログラムで実際の例を見てみましょう。

リスト34-1

```
01: class Shape {
02:     double a;
03:     double b;
04:
05:     Shape(double x, double y) {
06:         a = x;
07:         b = y;
08:     }
09:
10:     double getArea() {
11:         return 0.0;
```

```
12:   }
13: }
14:
15: class Triangle extends Shape {
16:
17:   Triangle(double x, double y) {
18:     super(x,y);
19:   }
20:
21:   double getArea() {
22:     return (a * b / 2);
23:   }
24: }
25:
26: class Rectangle extends Shape {
27:
28:   Rectangle(double x, double y) {
29:     super(x,y);
30:   }
31:
32:   double getArea() {
33:     return (a * b);
34:   }
35: }
36:
37: class Sample3401 {
38:   public static void main(String[] args) {
39:     Shape o1 = new Shape(10.0,10.0);
40:     Shape o2 = new Triangle(10.0,10.0);
41:     Shape o3 = new Rectangle(10.0,10.0);
42:     System.out.println("o1の面積" + o1.getArea());
43:     System.out.println("o2の面積" + o2.getArea());
44:     System.out.println("o3の面積" + o3.getArea());
45:   }
46: }
```

1行目から13行目までがShapeクラスの宣言です。Shapeクラスは何らかの図形を表すことを目的として宣言されたクラスです。2行目と3行目でdouble型のフィールドaとb

が宣言されています。このフィールドは、図形の2辺の長さを示すことになります。

5行目からは二つのdouble型の引数を取るコンストラクタが定義されています。それから10行目から定義されているgetAreaメソッドは、図形の面積を求めることを目的にしています。Shapeクラスでは、常に0を戻り値として返すように記述されています。このgetAreaメソッドが、サブクラスでオーバーライドされることになります。

15行目から24行目は、Triangleクラスの宣言です。Triangleとは三角形のことですね。15行目を見ると、Shapeクラスを継承していることがわかります。独自に宣言されたフィールドはありません。コンストラクタはふたつのdouble型を取り、superキーワードによって、引数をそのままスーパークラスであるShapeクラスのコンストラクタに渡しています。

21行目からgetAreaメソッドの定義が始まります。これは、スーパークラスのgetAreaメソッドの定義とまったく同一のシグニチャなので、スーパークラスのgetAreaメソッドをオーバーライドします。戻り値は三角形の面積を計算しています。

26行目からは、Rectangleクラスの宣言です。Rectangleは長方形を意味します。rectangleクラスもShapeクラスを継承しているのは26行目を見ればおわかりになるでしょう。28行目からは、Triangleクラスと同様にコンストラクタが定義されています。

32行目からは、同じくgetAreaメソッドをオーバーライドしています。戻り値は長方形の面積を計算しています。

37行目からはSample3401クラスの宣言が始まります。39行目から41行目でShapeクラス、Triangelクラス、そしてRectangelクラス3つのインスタンスを生成しています。40行目と41行目を見てください。それぞれnewキーワードでクラスShapeのサブクラスのインスタンスを生成しながら、それらのスーパークラスであるShapeクラスのオブジェクト参照型の変数に代入しています。

それから42行目から44行目にかけてgetAreaメソッドを呼び出しています。実行結果は次のようになります。

```
o1の面積0.0
o2の面積50.0
o3の面積100.0
```

o2 に対してメソッド getArea を呼び出すと結果は 50.0 なので、クラス Triangle のメソッド getArea、o3 に対してメソッド getArea を呼び出すと結果は 100.0 となり、クラス Rectangle のメソッド getArea が呼び出されているのがわかります。Shape 型のオブジェクト参照型の変数に代入されても、どのクラスのインスタンスなのかという情報は失われていないのがこれでわかりますね。

オーバーライドと可視性

オーバーライドされるスーパークラスのメソッドの可視性を指定することによって、オーバーライドするメソッドの可視性の指定は制限されます。そのルールは次の表のようになります。

表34-1●オーバーライドと可視性

オーバーライドされるスーパークラスのメソッドに指定されている修飾子	オーバーライドするサブクラスのメソッド
public	public を指定する必要がある
protected	protected か public を指定する必要がある
private	アクセスできないので、オーバーライド不可
無指定	private を指定するのは不可

2 行目を例に表の見方を説明すると、スーパークラスで protected が指定されているメソッドをオーバーライドするには、protected か public を指定する必要があるのがわかります。

抽象クラスの実装

抽象クラスを宣言するには **abstract** キーワードを利用します。修飾子として abstract キーワードをクラスに用いれば、そのクラスは抽象クラスになり、メソッドに用いれば抽象メソッドになります。

抽象クラスと抽象メソッドの関係について説明すると、あるクラスにひとつでも抽象メソッドがあったら、そのクラスは抽象クラスにする必要があります。逆に、抽象クラスだ

第34講

からといってすべてのメソッドが抽象メソッドである必要はありません。さきほどのサンプルプログラムのクラス Shape を抽象クラスにしたら、次のようになります。

リスト34-2

```
01: abstract class Shape {
02:    double a;
03:    double b;
04:
05:    Shape(double x, double y) {
06:      a = x;
07:      b = y;
08:    }
09:
10:    abstract double getArea();
11: }
12:
13: class Triangle extends Shape {
14:
15:    Triangle(double x, double y) {
16:      super(x,y);
17:    }
18:
19:    double getArea() {
20:      return (a * b / 2);
21:    }
22: }
23:
24: class Rectangle extends Shape {
25:
26:    Rectangle(double x, double y) {
27:      super(x,y);
28:    }
29:
30:    double getArea() {
31:      return (a * b);
32:    }
33: }
34:
```

```
35: class Sample3402 {
36:   public static void main(String[] args) {
37:     Shape o2 = new Triangle(10.0,10.0);
38:     Shape o3 = new Rectangle(10.0,10.0);
39:     System.out.println("o2の面積" + o2.getArea());
40:     System.out.println("o3の面積" + o3.getArea());
41:   }
42: }
```

　10行目でクラスShapeのメソッドgetAreaは抽象メソッドとして定義されているので、クラスShapeは抽象クラスである必要があります。よって、1行目のクラス宣言でabstractキーワードが使われています。また10行目の記述のように、抽象メソッドの定義に処理内容はありませんので、ブロックを形成する中カッコを記述する必要はありません。また、抽象クラスを継承したサブクラスでは抽象メソッドを必ずオーバーライドする必要があります。もしこれを怠ると、コンパイルのときにエラーになってしまいます。

　それから抽象クラスとして宣言されたクラスは、インスタンスを生成することを禁止されます。クラスSample3402でのmainメソッドの処理において、Shapeクラスのインスタンスを生成する記述がないのはそのためです。その他の箇所はほとんどSample3401と同じなので、比較しながらサンプルプログラムの記述内容を理解できるように努めてください。

　継承とポリモーフィズム、抽象クラスはお互いに持ちつ持たれつの関係です。この講でオブジェクト指向の理論をJavaではどう実現するのかという説明も一段落つきましたので、今後はそれをふまえて、いかにプログラミングしていくかに重点をシフトしていきます。先に進む前にまずしっかりと足元を固めるようにしてください。焦りは禁物です。

インターフェイス
―限りなく抽象クラスに近い……

抽象クラスとは似て非なるインターフェイス

　抽象クラスと同じようなことを別の方法で実現することができます。その別の方法は、**インターフェイス**（interface）と呼ばれます。抽象クラスとインターフェイスとでは、**インターフェイスは決してクラスではない**という決定的な違いがあります。また、インターフェイスは属性を持つことはできない点と、操作が抽象操作のみに限定される点でも違います。

　インターフェイスを使うことで、クラスの設計や実装は非常に柔軟になり拡張性も高まります。インターフェイスを利用することが有意義であることは、Javaに限らずオブジェクト指向による開発で広く認められているので、UMLでもインターフェイスの概念を表記する方法が用意されています。

　UMLのクラス図でインターフェイスを表記するには、ステレオタイプを利用して次のように表記します。

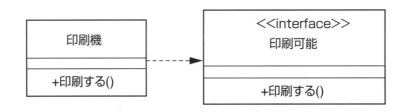

図35-1●クラス図でインターフェイス

　そして、Javaでインターフェイスを利用するには、クラスと同様にインターフェイスを宣言します。

```
interface インターフェイス名 {
    フィールドの宣言
    ……
    メソッドの定義
    ……
}
```

　クラス宣言と基本的にスタイルは同じですが、class キーワードではなくて、interface キーワードを用います。また、フィールドは明示的に指定されていなくても public static final の修飾子が指定された状態になり、必ず初期化する必要があります。同様にメソッドは public abstract が指定された状態になります。つまり**インターフェイスは定数と抽象メソッドしか持つことができません。**

インターフェイスの実装

　宣言したインターフェイスを利用するには、インターフェイスを**実装**（implementation）する必要があります。インターフェイスの実装は、インターフェイスを利用したいクラスの宣言に記述します。

```
class クラス名 implements インターフェイス名 {
    実際のクラス定義
}
```

　あるインターフェイスを実装したクラスは、そのインターフェイスが持つ定数を自分のクラス変数として利用できます。そして、そのインターフェイスが持つ抽象メソッドはすべてオーバーライドしなければいけません。実際の例をサンプルプログラムで見てみましょう。

第35講

リスト35-1

```
01: interface Printable {
02:    int MAX_VALUE = 100;
03:    void print();
04: }
05:
06: class X implements Printable {
07:    int x;
08:    public void print() {
09:      if(x < MAX_VALUE) {
10:        System.out.println("x = " + x);
11:      }
12:      else {
13:        System.out.println("too larage...");
14:      }
15:    }
16: }
17:
18: class Sample3501 {
19:    public static void main(String[] args) {
20:      X o = new X();
21:      o.x = 105;
22:      o.print();
23:    }
24: }
```

冒頭1行目から3行目にかけてが、Printableインターフェイスの宣言です。2行目にint型フィールドMAX_VALUEがあります。これがpublic static finalとして扱われるのはもうおわかりですね？ 3行目のprintメソッドに関してもpublic abstractとして扱われます。このためクラスXはPrintableインターフェイスを実装しているので、8行目でオーバーライドするときにアクセス制限にpublicの指定をしないとコンパイルエラーになってしまいます。なぜコンパイルエラーになるのかその理由についてわからない人は、第34講の継承と可視性の説明を思い出してください。

6行目から始まるクラスXの宣言は、Printableインターフェイスを実装しているのはも

うおわかりでしょう。その結果、int 型の定数 MAX_VALUE をクラス内で使うことができます。また、8 行目から print メソッドのオーバーライドの定義が始まっています。次に print メソッドの処理内容を説明します。9 行目の if 文で、X クラスのフィールド x と定数 MAX_VALUE を比較して、x の値のほうが小さかった場合は、x の値を表示して、そうでなかったら値が大きすぎるという表示をします。

18 行目から Sample3501 クラスの宣言が始まります。main メソッドの処理を説明しておきましょう。20 行目で X クラスのインスタンスを生成しています。そして 21 行目でインスタンスのフィールド x に 105 の値を設定しています。さらに 22 行目で、print メソッドを呼び出しています。

このサンプルプログラムの Printable インターフェイスはかなり単純な構造になっていますが、Java のクラスライブラリで宣言されているインターフェイスはもっと複雑なものがたくさんあります。ただし、インターフェイスを理解するために知識として必要なことはすでに学習しましたので、心配することはありません。

複数のインターフェイスを実装する

抽象クラスとインターフェイスではもうひとつ決定的な違いがあります。Java では、**あるクラスのスーパークラスは、必ずひとつに限られる**という大原則があります。よって、複数の抽象クラスを継承させることは不可能です。それに対してインターフェイスの場合は、複数のインターフェイスを実装することが可能です。

```
class クラス名 implements インターフェイス名 1,
インターフェイス名 2, ……
{
    実際のクラス定義
}
```

implements キーワードの後に、カンマ区切りでインターフェイス名を指定していきます。インターフェイスを利用するなら、継承の関係にしなくてもそのクラスに特定のメソッド

第35講

をオーバーライドさせることを保証できます。抽象クラスとインターフェイスのどちらを利用するかを判断するには、単独のスーパークラスとして継承させると都合が悪かったり、フィールドに変数を宣言する必要がないときには、インターフェイスを利用するべきだと考えればいいでしょう。

複数のインターフェイスを実装する以下のサンプルプログラムを見てください。

リスト35-2

```java
01: interface Movable {
02:    void move();
03: }
04:
05: interface Stoppable {
06:    void stop();
07: }
08:
09: class Car implements Movable, Stoppable {
10:    public void move() {
11:       System.out.println("動いています");
12:    }
13:
14:    public void stop() {
15:       System.out.println("止まっています");
16:    }
17: }
18:
19: class Sample3502 {
20:    public static void main(String[] args) {
21:       Car o = new Car();
22:       o.move();
23:       o.stop();
24:    }
25: }
```

インターフェイスは Movable と Stoppable のふたつが宣言されています。それぞれのインターフェイスでひとつずつ抽象メソッドを定義しています。これらのインターフェイス

を実装しているのが、Car クラスで、9 行目から宣言が始まっています。インターフェイスを実装したら、実装したインターフェイスで宣言されている抽象メソッドはすべてオーバーライドしないとコンパイルエラーになるのはもう説明済みですね。この場合は、move メソッドと stop メソッドをオーバーライドしています。

　Sample3502 クラスの main メソッド内で Car クラスのインスタンスを生成していますが、特にインターフェイスを実装していなかったり、ひとつしかインターフェイスを実装していないクラスと変わりはありません。クラスを利用する側にとっては、どのインターフェイスを実装しているかを、特に意識する必要がないのがこれからもわかりますね。

インターフェイスの継承

　インターフェイスは、クラスと同様に特定のインターフェイスを継承することができます。継承されるインターフェイスを**スーパーインターフェイス**（super interface）、継承するインターフェイスを**サブインターフェイス**（sub interface）と呼びます。インターフェイスを継承する際も、extends キーワードを使用します。

```
interface サブインターフェイス名 extends
スーパーインターフェイス名
{
   ……
}
```

　インターフェイスを継承する場合は、クラスと異なり複数のスーパーインターフェイスを継承することができます。複数のスーパーインターフェイスを指定するには、extends キーワードの後にカンマ区切りでスーパーインターフェイス名を列挙して指定します。

　さっそく、サブインターフェイスを宣言して実装した例をサンプルプログラムで見てみましょう。

第35講

リスト35-3

```
01: interface Movable {
02:    void move();
03: }
04:
05: interface Walkable extends Movable {
06:    void walk();
07: }
08:
09: class Runner implements Walkable {
10:    public void move() {
11:       System.out.println("動いています");
12:    }
13:
14:    public void walk() {
15:       System.out.println("歩いています");
16:    }
17: }
18:
19: class Sample3503 {
20:    public static void main(String[] args) {
21:       Runner o = new Runner();
22:       o.move();
23:       o.walk();
24:    }
25: }
```

　1行目から宣言されているMovableインターフェイスを、5行目から宣言されているWalkableインターフェイスが継承しています。このWalkableインターフェイスを実装しているRunnerクラスの宣言は9行目から始まっています。Runnerクラスは、Movableインターフェイスで定義されているmoveメソッド、Walkableインターフェイスで定義されているwalkメソッドの両方をオーバーライドする必要があります。

　ここで考えられるのは、WalkableインターフェイスがMovableインターフェイスを継承しないで、Runnerクラスで両方のインターフェイスを実装する方法もあるのでないかということです。結果としてオーバーライドするメソッドは同じですが、そのインターフェイ

ス単体が持つ抽象メソッドによって、そのインターフェイスの性質というものも決まってくるので、実装する側で考えるのではなく、あくまでもインターフェイスを宣言する側で考えて設計するべきでしょう。Javaにおいては、インターフェイスは非常に重要な機能として至るところで使用されています。既存のクラスの概要を把握するには、スーパークラスの存在だけではなく、そのクラスが実装しているインターフェイスに着目する必要があるでしょう。

パッケージ —名前のなわばり

名前空間の分割

　今までは、クラスやインターフェイスの識別子は重複してはいけないと説明してきました。ですがこの制約は、自分だけでプログラミングを行っているなら問題にならないかもしれませんが、複数の人間の共同作業でプログラミングを行ったり、すでに作成されたクラスライブラリを導入するときには問題になってきます。可能性としてクラス名、インターフェイス名が重複してしまうことが否定できないからです。そこであらかじめ衝突を回避する作業が必要になります。

　識別子が唯一のものであると保証する範囲を**名前空間**（name space）と呼びます。さきほどの問題は名前空間を複数に分割すれば解決できるでしょう。これはたとえですが、日本の商法の場合、同じ名前の会社や商店が同じ市町村内に複数設立できないように決まっています。ある市町村では、「鈴木商店」や「田中クリーニング」といった商号は唯一であることが保証されています。これは、市町村単位で商号の名前空間を分割していると考えられるでしょう。

　Javaでも名前空間を分割する手段があります。それが**パッケージ**（package）です。クラスやインターフェイスがどのパッケージに属するかを指定することで、名前空間を分割します。違うパッケージに属していれば、識別子が同一でも違うクラスやインターフェイスとして扱われます。

パッケージを指定する

　あるクラスやインターフェイスがどのパッケージに属するかはpackageキーワードを使って次のように指定します。

```
package パッケージ名;
```

これをプログラムファイルの先頭に記述すると、そのファイルで宣言されるクラスやインターフェイスはそのパッケージに属することになります。今までのサンプルプログラムでは、パッケージを指定した試しがありませんでしたが、プログラムファイルに**パッケージの指定がない場合、「名無し」のパッケージに属している**と見なされます。

また、パッケージ名の命名についても変数の識別子と同じ規則に従います。またパッケージに階層構造を作ることができます。ピリオド (.) の後に続けることで、ちょうどフォルダを作るようにパッケージを構成することができます。下の階層のパッケージのことを**サブパッケージ**（sub package）と呼びます。実際のパッケージ指定の例は下を見てください。

```
① package pr;
② package xyz.pr;
③ package jp.co.xyz.pr;
```

①は pr パッケージを指定しています。②は xyz パッケージの下に pr パッケージを指定しています。③は jp パッケージの下に、co パッケージ、その下に xyz パッケージ、その下に pr パッケージを指定しています。

jp.co.xyz を見て、もしかしてこれってインターネットのドメイン名を反対にしたものでは、と思った人は鋭いですね。パッケージを指定することで名前空間を分割してクラスやインターフェイスの識別子の重複を避けられるのは間違いありませんが、パッケージ名そのものが重複してしまうと意味がありません。そこで Java では、作成者が属する組織のドメインを反対に並べてパッケージ名とする慣習があり、特に外部に公開する場合はこのようにしてパッケージ名を命名することが推奨されています。

パッケージとファイルの配置

また明示的にパッケージを指定すると、そのプログラムファイルは今までと別のフォルダに配置する必要があります。パッケージ名と一致したフォルダを作成して、階層構造も一緒にして、そこにファイルを保存します。例えば、pr パッケージなら pr という名前の

第36講

フォルダを作成し、その下にプログラムファイルを保存します。jp.co.xyz.pr パッケージなら jp¥co¥xyz¥pr の下に保存します。

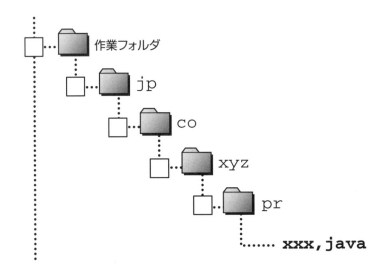

図36-1●パッケージの指定とファイルの配置

図36-1 では作業フォルダの下にさらにフォルダの階層を作っていますが、作業フォルダ自体はどこにおくべきなのかという問題が発生します。基本的にはどこに作業フォルダをおいてもかまいませんが、その場所を指定する必要があります。これに関しては次の講のクラスパスのところで詳しく説明します。

パッケージのインポート

続いて、パッケージ指定をしたクラスやインターフェイスを実際に利用する方法を説明します。クラスとインターフェイスを利用する方法に違いはありません。よって、説明するときの単語としてクラスだけを使うので、そのつもりで聞いてください。

パッケージが指定されたクラスを利用するときには、クラス名の前にパッケージ名を明示的に記述します。たとえば、jp.co.xyz.pr パッケージの Sample クラスのインスタンスを生成する文は以下のようになります。

```
jp.co.xyz.pr.Sample o = new jp.co.xyz.pr.Sample();
```

ただ、毎回このように記述するのは面倒です。そこであらかじめ参照するパッケージとクラスを指定する方法があります。この指定のことを**インポート**（import）と呼んでいます。

```
import jp.co.xyz.pr.Sample;
……
……
Sample o = new Sample();
```

importキーワードによってパッケージとクラスを指定すれば、そのクラスを使用するときにパッケージ名を記述する必要はありません。

ただこの方法だと、ひとつのクラスをインポートするたびに、ひとつのimportキーワードでそのパッケージとクラスを指定する必要があります。そのために同一パッケージ内のすべてのクラスをインポートする方法があります。

```
import jp.co.xyz.pr.*;
```

これで、jp.co.xyz.prパッケージに属するすべてのクラスがインポートされます。ただし、アスタリスク（*）はひとつのパッケージにしか適用できません。

```
import jp.co.xyz.*.*;
import jp.co.*;
```

前者の例は誤りです。アスタリスクはクラスを表すものなので、複数使用することは不可能です。また後者の例では、jp.coパッケージに属するクラスのみをインポートします。jp.co.xyzや、jp.co.xyz.prパッケージに属するクラスはインポートされません。つまり、**サ**

第36講

ブパッケージのクラスは自動的にインポートされないことに注意してください。

Objectクラスの所在

第31講でObjectクラスについて改めて説明するとお約束しましたが、パッケージと関連させて説明する必要があったからです。Objectクラスは皆さんが宣言するものではなくて、JDKの中にあらかじめ設計されて含まれているクラスです。Objectクラスは、java.langパッケージに属しています。

基本的にjava.langパッケージに属するクラスは、Javaのクラスライブラリの中でも根幹をなす機能を持ったクラスが勢揃いしています。Javaのクラスライブラリにはほかにも多数のクラスが存在していて、複数のパッケージに属しています。これからの講義では、こうしたクラスライブラリのクラスを利用していく機会が増えてきますが、常にどのパッケージに属しているかを意識して、必要ならばインポートするようにしなければいけません。

System.out.println()の謎解き

今まで何度もサンプルプログラムの中に出てきたSystem.out.println("……")がいったいどんな意味を持っているのかについても、これまではうやむやにして使ってきましたが、パッケージの説明をしたことでやっときちんと説明できます。

System.outというのは、実は、java.langパッケージのSystemクラスのクラス変数outのことを指しています。それと重要なことですが、仮にimportキーワードで明示的にインポートされていなくても、**自動的にjava.langパッケージに属するクラスのすべてがインポートされる**というルールがJavaにはあります。だからサンプルプログラムでjava.lang.Systemクラスをインポートする記述がなくても大丈夫だったわけです。

また変数outは、PrintStreamクラスのオブジェクト参照型の変数です。つまりprintln()メソッドは、Printstreamクラスのメソッドだったのです。PrintStreamクラスはjava.ioパッケージに属するクラスライブラリで定義されたクラスで、データを入出力する機能を持っています。詳しくは第42講で説明します。

java.langパッケージ上のクラスは、JDKですでに用意されているクラスライブラリのパッケージのひとつです。javaの名前で始まるパッケージはJDKのクラスライブラリであるという規定があるので、自分で作成したクラスのパッケージ名として使用することはできません。

パッケージと可視性

第21講でパッケージと可視性についても関係があると説明しましたが、これで充分に説明することができます。最初にクラスの可視性について説明しましょう。クラス宣言のときに、classキーワードの前に修飾子を指定してクラス自体の可視性を指定することができます。

表36-1●クラス自体の可視性

修飾子	アクセス可能な範囲
指定なし	同じパッケージ内からアクセス可能（＝別パッケージからは不可）
public	すべてのパッケージ（＝別のパッケージからでも）からアクセス可能

いままでは、指定なしの状態でクラスの可視性を指定していたことになります。ところで、クラスの可視性をpublicに指定すると、**ひとつのプログラムファイルにもうひとつbublic指定したクラス宣言が宣言できなくなるのと、プログラムファイル名とクラス名が一致していないとエラーになる**という制約が新たに発生します。

次に変数やメソッドの可視性についてですが、第21講の説明を補足して改めて紹介します。

表36-2●変数・メソッド可視性・完全版

修飾子	アクセス可能なクラス
指定なし	同じパッケージに属するクラスのみに限定してアクセス可能
private	同じクラスのみに限定してアクセス可能
protected	同じパッケージ内のすべてから、または宣言するクラスのサブクラスからアクセス可能
public	すべてのクラスからアクセス可能（ただしクラス自体がpublicでなければ、同じパッケージに属するクラスのみ）

第36講

　基本的に private 以外の指定では、同じパッケージからはアクセス可能だといえます。まとめになりますが、UML のときの説明と Java の文法ではパッケージがあるだけ若干異なっていることに注意してください。パッケージの指定とインポートに関しての実際例は次の講のクラスパスで取り上げるので、ふたつの講を合わせて読んで理解を深めるようにお願いします。

第37講 クラスパス
―パッケージはここにある

パッケージの指定と利用の実例

　前の講でも予告しましたが、まずはパッケージを指定する方法と利用する方法をサンプルプログラムで確かめてみましょう。今回のサンプルプログラムはふたつのファイルから構成されています。まずは最初のソースファイルです。

リスト37-1

```
01: package test;
02:
03: public class X {
04:
05:   private int x;
06:
07:   public void setValue(int i) {
08:     x = i;
09:   }
10:
11:   public int getValue() {
12:     return x;
13:   }
14: }
```

　1行目にパッケージの指定があります。この場合はtestパッケージに属している指定です。続いてもうひとつのソースファイルです。

リスト37-2

```
01: import test.X;
02:
```

第37講

```
03: public class Sample3701 {
04:
05:   public static void main(String[] args) {
06:     X o = new X();
07:     o.setValue(23);
08:     System.out.println("value = " + o.getValue());
09:   }
10: }
```

1行目にtestパッケージのXクラスをインポートする記述があります。これで前に示したXクラスの宣言を利用できるようになります。

以上の記述から、パッケージを指定する方法とパッケージをインポートする方法がわかるでしょう。しかし、パッケージを扱うのに注意しなければいけない重要な点があります。それは、ファイルを保存する位置に注意することです。先ほどのふたつのソースファイルを保存する位置には一定のルールがあります。例えば、作業を行うフォルダがC:¥sampleだとすれば、

X.java は、**C:¥sample¥test**
Sample3701.java は、**C:¥sample**

以上の場所に保存してください。保存位置について説明すると、作業しているフォルダを基点としてパッケージ名のフォルダを下位に作成し、そこにソースファイルを保存します。例の場合、X.javaは冒頭のpackageキーワードでtestパッケージに属している指定があるので、C:¥sampleから見てtestフォルダの下にある必要があります。一方、Sample3701.javaにはpackageキーワードによる指定がないので「名無し」のパッケージに属していることになります。よって、C:¥sampleに保存する必要があります。

コンパイルと実行

コンパイル作業は、以下のように行います。

```
cd c:\sample ↵
javac test\X.java ↵
javac Sample3701.java ↵
```

おさらいになりますが、X クラスも Sample3701 クラスもクラス宣言の行で、public の修飾子が指定されています。よって、ファイル名とクラス名が一致している必要があります。そして、Sample3701.java は 1 行目で import キーワードによって test パッケージの X クラス、すなわち X.java によって宣言されたクラス X をインポートしています。6 行目でクラス X のインスタンスを生成しているところで test.X と指定しなくてもいいのは、インポートの指定を行っているからですね。

そして実行させるには、以下のように入力してください。

```
cd C:\sample ↵
java Sample3701 ↵
```

これで実行できたはずです。では、以下のように入力するとどうでしょうか？

```
cd C:\ ↵
java Sample3701 ↵
```

次のようなエラーが表示されて実行できないはずです。

```
Exception in thread "main" java.lang.NoClassDefFoundError: Sample3701
```

第37講

要は、Sample3701 クラスのクラスファイルが見つからないと怒られているわけです。java コマンドで指定するクラスのクラスファイルのありかと、javac コマンドでコンパイルするときに import キーワードで指定されたクラスのクラスファイルのありかは、**クラスパス**（classpath）によって指定されます。

クラスパスの設定

現在、コマンドプロンプトが作業を行うためにファイルシステム上に存在している位置を**カレントディレクトリ**（current directory）と呼びます。「ディレクトリ」という単語は「フォルダ」と同じ意味です。

クラスパスを明示的に指定しなければ、カレントディレクトリをクラスパスとして考えてコンパイルや実行を行います。先ほどは、「cd C:¥」と入力したので、カレントディレクトリは「C:¥」に移動しています。よって、その位置に Sample3701.class ファイルがあると java コマンドは考えますが、実際には存在しないので、エラーになってしまうのです。また、test パッケージの X クラスをインポートするときにも、「C:¥test」に X.class ファイルがあると考えます。ですが、これも実際にはそこには存在しないので、エラーになります。

コマンドプロンプトで常に適切な位置に移動していれば、この問題は回避できますが、明示的にクラスパスを指定する方法が 2 種類あります。

1 番目の方法は、JDK をインストールするときに、パスの設定を行ったのと同じようにクラスパスを指定する方法です。インストールのときは javac、java などのコマンドに対してパスの設定を Path という変数に設定しましたが、この場合は CLASSPATH という変数を新規に作成して設定します。

画面37-1

インストールで行ったパスの設定と同様にコマンドプロンプトを開き直さないと設定は有効になりません。

そして2番目の方法は、javacコマンドとjavaコマンドを利用してclasspathオプションでクラスパスを指定する方法です。

```
cd c:¥
javac -classpath C:¥sample c:¥sample¥test¥X.java
javac -classpath C:¥sample Sample3701.java
java -classpath C:¥sample Sample3701
```

「-classpath」の後にクラスパスを続けて記述することでクラスパスの指定ができます。毎回指定しないといけませんが、自由にクラスパスを設定させることができます。それから、javacコマンドでコンパイルするファイルを指定するのに、c:¥sample¥test¥X.javaとしていることに注目してください。クラスパスを設定しても、この部分のパス指定を省略できるわけではないので注意してください。

クラスパスの設定が適切でないためにコンパイルや実行がうまくいかないのは、よくあることです。もし余裕があったらこれから登場するサンプルプログラムを、パッケージを指定するように変更してコンパイルと実行がきちんとできるか試行錯誤してみることをお勧めします。慣れてしまえばあっけないものです。

第38講 例外（1）
―備えあれば憂いなし

危機管理はしっかりと

プログラム作成でコンパイル時に発生するエラーは、文法的な不備などの理由で発生します。ですが、実際には実行時の状況によってエラーが発生する場合があります。たとえば、メモリが足りなくなったとか、ファイルが開けなくなったなどです。ほとんどすべてのプログラミング言語では実行時のエラーを通知する機能を持っていますが、単純に強制的にプログラムを終了させておしまいというプログラミング言語もなかには存在します。

Javaの場合、実行時のエラーは**例外**（exception）という機能で対応します。例外は、エラーが発生したときの処理を自由に決められるのと、処理本体の記述とエラー処理の記述を分離できる利点を持っています。従来のプログラミング言語では、処理本体の中にエラーが発生したかどうかを調べる記述をその都度挿入しなければいけなかったのが、Javaでは例外の機能によりそういった煩雑さが解消されています。

ひとっ飛びで例外処理開始

まず、シンプルな例外処理を含む次のサンプルプログラムを見てください。

リスト38-1

```
01: class Sample3801 {
02:   public static void m() {
03:     int[] i = new int[10];
04:     i[20] = 123;          ここで例外が発生するが、mメソッド
05:   }                        内部では例外処理は指定されていない
06:
07:   public static void main(String[] args) {
08:     try {
09:       m();
10:     }
```

```
11:    catch(ArrayIndexOutOfBoundsException e) {
12:       System.out.println("配列の添字の指定で不手際がありますよ！");
13:    }
14:  }
15: }
```

ArrayIndexOutOfBoundsException 例外の処理

　このプログラムで実行時にエラーが発生するのは、4 行目です。3 行目で int 型の配列型変数 i が宣言され、配列の要素数は 10 個になっています。よって、添字の最大値は 9 までです。にもかかわらず、4 行目では添字に 20 を指定しています。添字の最大値を超えてアクセスしようとしたときは、実行時にエラーとなり例外が発生します。そして、Java VM は例外処理が開始される場所を検索します。これを**例外をスローする**と呼びます。

　例外処理は、**try** と **catch** のふたつのキーワードと中カッコで構成されるブロックで記述されるのが基本です。8 行目に try キーワードがあって中カッコでブロックが始まり、10 行目でブロックが閉じられています。これはこのブロック内の記述で発生した例外は、11 行目から続く catch キーワードとそのブロックで処理されることを示しています。

　9 行目で m メソッドを呼び出し、その処理の内部で例外が発生することになりますが、m メソッドでは一切例外処理についての記述がありません。メソッドの処理中に例外が発生したときにメソッド内部で例外処理が見あたらなかったら、**メソッドの呼び出し元に例外処理を探しに行く**のが規則です。この場合は、m メソッドを呼び出す 9 行目が try キーワードによるブロックの内部にあるので、これに対応する catch キーワードによるブロックに処理を移します。

　配列の添字の制限を越えてアクセスしようとしたときには、ArrayIndexOutOfBoundsException というクラスのインスタンスが例外としてスローされます。つまり、例外とはクラスのインスタンスの形を取ってやりとりされます。今回のサンプルプログラムで発生する例外は ArrayIndexOutOfBoundsException という例外ですが、このほかにも多数の例外がクラスライブラリによって宣言されています。すべての例外はクラスとして宣言されているので、次の講ではクラスという側面から見た例外について説明します。

　11 行目から始まる catch キーワードによるブロックでは、スローされた例外の種類を判別しながら、実際に行う例外処理を決定します。この場合は、4 行目でスローされた例外の種類と 11 行目で処理すると明示している例外の種類が一致しているので、この catch

キーワードによるブロックで例外処理が実際に行われることになります。

　catch キーワードの後にカッコで囲まれて指定される例外の種類は、メソッドの定義の引数指定と似ています。ただし、このとき指定できるのは例外の種類を示すクラスのオブジェクト参照がひとつだけです。つまり、例外がスローされて catch キーワードが受け取るのは、スローされた例外クラスのインスタンスひとつだけということです。また、ひとつの try キーワードによるブロックに対して複数の catch キーワードによるブロックを記述することができます。こうすることで、いろんな例外に対応できるようになります。

　このサンプルプログラムでの catch キーワードによるブロック内の処理は、12 行目のみで画面にメッセージを表示します。その処理が終わった後は、try と catch キーワードによるブロックから抜けて次の場所に移動します。この場合は、14 行目に移動することになるので、main メソッドの処理も終わり、プログラムの処理も終了します。よって、例外処理が終わったら、その例外処理を行った catch キーワードに対応する try キーワードによるブロックの処理は、その例外が発生するまでで打ち切りになってしまいます。

　または catch キーワードで指定した対象となる例外の種類と、スローされた例外の種類が一致しない場合は、さらにメソッドの呼び出し元にさかのぼって例外処理を探しに行きます。ただし、main メソッドでも合致する例外処理が発見できなかったら、Java VM はプログラムの動作を中止して、エラーメッセージを表示することになります。

最後の後始末

　例外処理には、try と catch キーワードの他に **finally** キーワードによるブロックを記述することもできます。finally キーワードで構成されたブロックは、例外が発生したかしないかにかかわらず、最後に必ず実行されるブロックとなります。

　try キーワードによるブロック内に記述した処理は、例外の発生によっては実行されたり実行されなかったりする可能性があります。これに対して、finally キーワードによるブロック内の処理は必ず最後に実行されることが保証されているので、実行されるのかどうかわからないのでは困る処理を記述することができます。先ほどのサンプルプログラムを finally キーワードを使用するように修正してみます。

リスト38-2

```
01: class Sample3802 {
02:   public static void m() {
03:     int[] i = new int[10];
04:     i[20] = 123;
05:     System.out.println("例外は発生しなかったのか？");
06:   }
07:
08:   public static void main(String[] args) {
09:     try {
10:       m();
11:     }
12:     catch(ArrayIndexOutOfBoundsException e) {
13:       System.out.println("配列の添字の指定で不手際がありますよ！");
14:     }
15:     finally {
16:       System.out.println("ここが最後なのです");
17:     }
18:   }
19: }
```

　それでは順を追ってプログラムの実行の流れをみていきましょう。Sample3802クラスは、mメソッドとmainメソッドを持っています。両方のメソッドにstatic修飾子がついているので、これらのメソッドはクラスメソッドです。

　2行目からメソッドmの定義が始まっています。3行目では、int型の配列iを宣言しています。配列の要素数は10個とnewキーワードで指定しています。復習になりますが、この配列の添字の最大値はいくつでしょうか？　もう10なんて答えている人はいないと思いますが、念のための質問です。正解は、9ですね。

　4行目は後でまた説明しますが、例外を発生させるためにわざと不適切な処理をしています。配列iの添字の最大値は9であるのにもかかわらず、添字に20を指定しています。

　5行目は単純に画面にメッセージを表示しています。ただし例外が発生した次の行にこの行があることに注目してください。今回のサンプルプログラムのポイントは、果たして実際に5行目の表示処理がされるかどうかです。

第38講

　10行目のmメソッドの呼び出しからmainメソッドの処理が始まります。mメソッドは、9行目と11行目のtryキーワードによるブロック内に入っています。mメソッドの処理は、3行目から記述されていますね。さきほども説明しましたが、mメソッド内の処理である4行目で例外が発生します。

　例外が発生したときから、通常の処理ではなく、例外に対処するための処理に切り替わります。具体的には、例外を処理する記述を探しに行きます。ただしこの場合、mメソッド内で例外処理は記述されていません。その場合は、メソッドを呼び出したところに例外処理の記述がないかを探しに行きます。

　すると、メソッドmを呼び出した箇所は9行から11行目のtryキーワードによるブロック内にあるので、それに対応するcatchキーワードが12行目にあり、スローされた例外の種類とも一致します。よって、このcatchキーワードによるブロックの処理内容で例外処理が行われるわけです。

　次に16行目は例外処理の内容で画面にメッセージを表示します。この時点で例外処理は終了なので、tryとcatchキーワードによるブロックから抜けます。すると、finallyキーワードによるブロックがあるので、その内容を処理します。よって、最後に16行目が実行されてプログラムは終了します。結局途中で例外が発生したので、5行目は処理されなかったのがわかりますね。例外が発生すると、tryキーワードによるブロック内の処理は途中で中止になる可能性がありますが、finallyキーワードによるブロック内の処理は必ず最後に実行されることを覚えておいてください。

例外（2）
―例外処理の受け持ち

悪いけどそこは頼みます

例外処理には、try 〜 catch 〜 finally キーワードによる処理のほかに、**throws** キーワードによる例外処理もあります。throws キーワードは、メソッドを定義する箇所で例外クラスの種類の指定とともに使用します。この指定によって、**そのメソッドは、呼び出し元に対して throws キーワードで指定された例外処理はできないので、呼び出し元に処理を任せる**ことを明示します。

つまり、throws キーワードで指定された例外がメソッドの中で発生したら、そのメソッドの中で例外処理されずに、必ず呼び出し元に対してその例外が送り出されることになります。あらかじめ「自分のところではできません」と表明しておくわけですね。

それでは実際の例をサンプルプログラムで見てみましょう。

リスト39-1

```
01: class Sample3901 {
02:   public static void m() throws ArrayIndexOutOfBoundsException {
03:     int[] i = new int[10];
04:     i[20] = 123;
05:   }
06:
07:   public static void main(String[] args) {
08:     try {
09:       m();
10:     }
11:     catch(ArrayIndexOutOfBoundsException e) {
12:       System.out.println("配列の添字の指定で不手際がありますよ！");
13:     }
14:   }
15: }
```

第39講

　このサンプルプログラムは第38講のサンプルプログラムがベースとなっています。2行目のmメソッドの定義にthrowsキーワードが追加されているだけで、他の箇所に違いはありません。throwsキーワードがなかった場合は、mメソッド内で例外処理が存在しているかを検索することになりますが、throwsキーワードがあった場合は、最初から例外処理が存在していないことが明らかになります。ただ、結果として動作に違いはありません。だとするとthrowsキーワードの存在理由があるのか疑問に思われるかもしれませんね。この理由についてはこれから説明しますが、ある厳密なルールが新たに存在していて、throwsキーワードが記述されていないとまずい場合があります。

シカトしてもよい例外、わるい例外

　最初に例外クラスについて説明が必要です。配列に不正な添字でアクセスしようとすると、ArrayIndexOutOfBoundsExceptionクラスのインスタンスによる例外が発生します。そのArrayIndexOutOfBoundsExceptionクラスを含めて、すべての例外クラスはThrowableクラスをスーパークラスに持ちます。例外クラスの継承関係を示したクラス図は次のようになります。

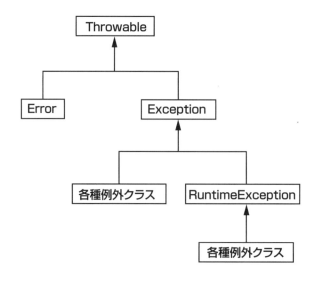

図39-1●例外クラス

Throwable クラスのサブクラスには Error クラスと Exception クラスがあります。Error クラスは、もはやプログラムの実行が不能な場合に発生する例外です。たとえば、メモリが足りなくなったなどが原因です。Exception クラスは、例外処理によってプログラムの実行自体は継続可能な場合に対応します。

Exception クラスのサブクラスには、各種の例外に対応するクラスと RuntimeException クラスがあります。そして、RuntimeException クラスのサブクラスにも各種の例外に対応するクラスがあります。

そして、例外処理に関して重要な規則があります。**メソッド内で、Error クラスと RuntimeException のサブクラス以外の例外が発生する可能性がある**なら、try 〜 catch キーワードによってそのメソッド内で例外処理をするか、throws キーワードによってメソッドの呼び出し元に例外をスローするように明示的に記述する必要があります。もし明示されていないとコンパイルエラーになります。

ArrayIndexOutOfBoundsException クラスは RuntimeException クラスのサブクラスなので、第 38 講のサンプルプログラムでメソッド m の定義に throws キーワードがなくてもコンパイルエラーにはなりません。次のサンプルプログラムは try 〜 catch キーワードか throws キーワードによって、メソッド内で例外処理をするかしないか明示する必要があることを示しています。

リスト39-2

```
01: import java.io.*;
02:
03: class Sample3902 {
04:
05:   public static void m() {
06:     FileInputStream f = new FileInputStream("Sample3902.java");
07:   }
08:
09:   public static void main(String[] args) {
10:     m();
11:   }
12: }
```

第39講

　このサンプルプログラムでは、まだ説明していないクラスが登場しています。FileInputStream クラスはファイルの読み込みを行うクラスで、コンストラクタの引数に読み込みたいファイル名を指定してインスタンスを生成します。詳しくは 42 講、43 講で説明しますので、今のところはこの説明で納得してください。

　6 行目で FileInputStream クラスのインスタンスを生成していますが、このとき指定されたファイル名が実際には存在しない可能性があります。そのとき FileInputStream クラスのコンストラクタは、FileNotFoundException クラスの例外を発生させることになっています。FileNotFoundException クラスは、Exception クラスのサブクラスなので、その例外が発生する可能性のある処理をするメソッドでは、try ～ catch キーワードか throws キーワードを記述しなくてはいけません。ですが、このサンプルプログラムでは一切そういった記述はないので、コンパイルすると以下のエラーメッセージが表示されるはずです。

```
Sample3902.java:6: 例外 java.io.FileNotFoundException は報告されません。
スローするにはキャッチまたは、スロー宣言をしなければなりません。
FileInputStream f = new FileInputStream("Sample3902.java");
```

　このようにコンパイルエラーが発生しないようにするには、たとえば次のように修正します。

リスト39-3

```
01: import java.io.*;
02:
03: class Sample3902 {
04:
05:   public static void m() throws FileNotFoundException {
06:     FileInputStream f = new FileInputStream("Sample3902.java");
07:   }
08:
09:   public static void main(String[] args) throws
          FileNotFoundException {
10:     m();
11:   }
```

```
12: }
```

mメソッドとmainメソッドそれぞれにthrowsキーワードを指定しています。mメソッドだけにthrowsキーワードを指定してもダメなので注意してください。例外処理することを明示する必要のある例外が発生する可能性のあるメソッドを呼び出す側にも、この明示は必要です。

この場合は、次のパターンで例外処理を記述する必要があります。

- mメソッドでtry～catchキーワードを用いて例外処理を完結させる
- mメソッドでthrowsキーワードを用いて、mainメソッドでtry～catchキーワードによる例外処理を完結させる
- mメソッドでも、mainメソッドでもthrowsキーワードを用いる

最後のパターンだと、発生したFileNotFoundExceptionクラスの例外は、Java VMに対して送られます。Java VMはそれを受けてプログラムを終了させ、エラーメッセージを表示します。

責任はすべて私に……

結局、具体的に何らかの例外処理をしたいときにはcatchキーワードによる例外処理を記述しなくてはいけません。複雑なプログラムになってくると大量の例外が発注する可能性があるので、たくさんのcatchキーワードによるブロックを記述する必要があります。

これに対して、

```
catch(Exception e) {
  ……
}
```

と記述すると、すべてのExceptionクラスのサブクラスの例外を、ひとつのcatchキーワー

ドによるブロックで処理することができます。複数の catch キーワードによるブロックを列挙して、最後にこの Exception を受ける catch キーワードを記述すれば、発生した例外を取りこぼすことがなくなります。

次のサンプルプログラムを見てください。

リスト39-4

```
01: import java.io.*;
02:
03: class Sample3903 {
04:
05:   public static void m() throws FileNotFoundException {
06:     FileInputStream f = new FileInputStream("Sample.java");
07:   }
08:
09:   public static void main(String[] args)  {
10:     try {
11:       m();
12:       int i[] = new int[10];
13:       i[20] = 100;
14:     }
15:     catch(FileNotFoundException e) {
16:       System.out.println("ファイル入出力関係の例外が発生しました");
17:     }
18:     catch(ArrayIndexOutOfBoundsException e) {
19:       System.out.println("配列の添字が不正なので例外が発生しました");
20:     }
21:     catch(Exception e) {
22:       System.out.println("例外が発生しましたよ");
23:     }
24:   }
25: }
```

5行目から始まるメソッド m 内では、FileNotFoundException 例外が発生する可能性があります。6行目の FileInputStream クラスのコンストラクタに渡す引数に特定のファイル名を指定していますが、もしこのファイルがなければ例外が発生します。

そんなわけで、Sample3903 のクラスファイルと同じフォルダに「Sample.java」ファイルがなければ例外が発生します。そのときには結果として 15 行目からの catch キーワードによる例外処理が開始されます。試しに、実際にファイルがないようにして実行してください。

ファイル入出力関係の例外が発生しました

と表示されます。
続いて、6 行目を以下のように修正してください。

```
06:     FileInputStream f = new FileInputStream("Sample3903.java");
```

実際に存在するファイル名を指定して例外が発生しないようにします。そしてコンパイルして実行させると今度は、13 行目で ArrayIndexOutOfBoundsException 例外が発生します。配列の添字が不適切だからですね。
今度は、18 行目から 20 行目までを以下のようにコメントにしてください。

```
18://catch(ArrayIndexOutOfBoundsException e) {
19://System.out.println("配列の添字が不正なので例外が発生しました");
20://    }
```

こうすることで、修正する前は 13 行目で発生した ArrayIndexOutOfBounds Exception 例外を処理する catch キーワードのブロックがない状態になります。でも、この場合は、21 行目からの catch キーワードのブロックが対応します。実行させてみると、

例外が発生しましたよ

と表示されます。

最後に 15 行目から 23 行目を次のように修正してください。

```
15:      catch(Exception e) {
16:        System.out.println("例外が発生しましたよ");
17:      }
18:      catch(FileNotFoundException e) ]{
19:        System.out.println("ファイル入出力関係の例外が発生しました");
20:      }
21:      catch(ArrayIndexOutOfBoundsException e) {
22:        System.out.println("配列の添字が不正なので例外が発生しました");
23:      }
```

これでコンパイルすると以下のエラーが発生します。

例外 java.lang.ArrayIndexOutOfBoundsException はすでにキャッチされています。

最初に Exception クラスに対応するように指定して catch キーワードのブロックを指定してしまうと、すべての例外に対応してしまうので、残りふたつの catch キーワードのブロックと重複してしまいます。この場合はコンパイルエラーになってしまいます。

最後の catch キーワードが Exception クラスに対応するようにすれば、重複を気にする必要はありません。ですが、なるべく発生する可能性のある例外には個別に対応するようにするのがよいのに越したことはありません。

自作自演の例外

今までは、すでに JDK のクラスライブラリで用意された例外クラスを対象にしていましたが、独自の例外クラスを作ることも可能です。独自の例外クラスを作成するには、Exception クラスか RuntimeException クラスを継承してクラスを作成します。ただし、例外処理の箇所を正確に把握するために、Exception クラスを継承して先ほど説明したように

必ず例外処理の方針が明示されるようにすることが推奨されています。

そして例外を発生させるには、**throw** キーワードを使用します。throw キーワードの後には、例外クラスのインスタンスへのオブジェクト参照を記述します。それではさっそくサンプルプログラムを見てください。

リスト39-5

```
01: class OverMaxValueException extends Exception {
02:    public OverMaxValueException() {
03:       super();
04:    }
05: }
06:
07: class Sample3904 {
08:    public static void main(String[] args)  {
09:       try {
10:          int i = 100;
11:          if(i > 10) {
12:             throw new OverMaxValueException();
13:          }
14:       }
15:       catch(OverMaxValueException e) {
16:          System.out.println("OverMaxValueException例外をキャッチ！");
17:       }
18:    }
19: }
```

1行目から5行目で独自の例外クラスのある OverMaxValueException クラスを宣言しています。このクラスは Exception クラスを継承しています。2行目からの OverMaxValueException クラスのコンストラクタでは、super キーワードによって Exception クラスのコンストラクタを呼び出しています。

12行目で throw キーワードによって例外を発生させています。throw キーワードの後に、「new OverMaxValueException()」と記述して OverMaxValueException クラスの例外を発生させています。

発生した例外は9行目から14行目の try キーワードによるブロックで補足され、15行目

のcatchキーワードによって例外処理されます。例外処理は16行目でメッセージを表示します。その後try～catchキーワードによるブロックから抜けて19行目に処理が移るので、mainメソッドが終了してプログラムの実行も終了します。

　2講にわたって例外とその処理について説明してきましたが、JDKのクラスライブラリを利用するなら例外処理が必要な場合があります。そのときの心構えとして、常にどんな例外が発生する可能性があるかわからないことと、どこで例外処理を明示的に行うべきかを念頭に置いてください。

第3部

クラスライブラリを使いこなせれば
ステップアップ

Javaはあらかじめ用意されているクラスライブラリを利用すると、さまざまな機能を利用できます。講義ではそのごく一部ですが、クラスライブラリの利用法を紹介します。

クラスライブラリの利用（1）
―クラスライブラリのドキュメントを活用しよう

頼りになるドキュメント

　これからの講義は、JDK によって提供されるクラスライブラリの活用法が中心です。そのクラスライブラリでは、非常に膨大な数のクラスが提供されています。そのすべてを本講義で取り上げるのは不可能なので、クラスライブラリのドキュメントを入手して利用する方法について説明していきましょう。

　第 13 講では、JDK のインストールをしましたが、それだけでは、クラスライブラリに関してのドキュメントを見ることはできません。JDK を入手したのと同じように、オラクル社からドキュメントを入手しましょう。

　インターネット上でドキュメントを閲覧するか、HTML 形式のドキュメントを丸ごとダウンロードするかの 2 種類の方法が選択できます。ここでは、ダウンロードする方法を選択します。

```
閲覧用
http://docs.oracle.com/javase/jp/8/docs/api/
ダウンロード用
http://docs.oracle.com/javase/jp/8.zip
```

画面40-1●ドキュメントの入手

「Java Platform Standard Edition 8」のリンクをクリックすればダウンロードが開始され、Zipファイルを取得することができます。

ドキュメントを見る

ダウンロードしたファイルはZIP形式で圧縮しているので、解凍ソフトを利用して解凍しましょう。解凍するとフォルダができます。そこにindex.htmlという名前のHTMLファイルがあるので、このファイルを開きます。

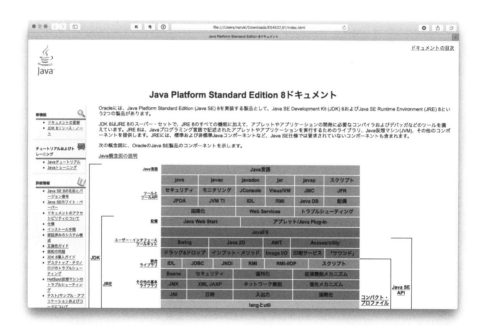

画面40-2●ドキュメントを見る

第40講

「Java SE API」というリンクがあるので、これをクリックしましょう。

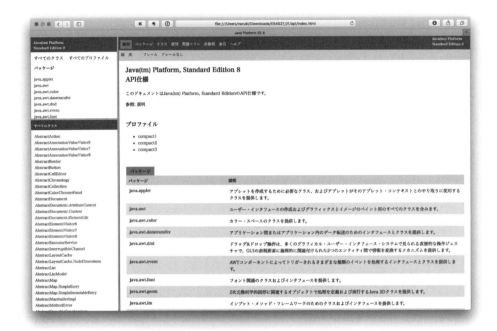

画面40-3●APIドキュメント

　すると、クラスライブラリで提供されるクラスごとのドキュメントを見ることができます。次の講では、Stringクラスについて説明するので、試しにStringクラスのドキュメントを見てみましょう。

　ブラウザの左下のフレームにはすべてのクラスのドキュメントへのリンクがアルファベット順に並んでいます。Stringクラスへのドキュメントのリンクを探してクリックしてください。すると、Stringクラスに関する説明と、Stringクラスで定義されているクラス変数やメソッド、他のクラスとの継承関係などの情報が表示されます。特にインスタンスを生成するときにコンストラクタに渡す引数の数や型を調べたり、メソッドを呼び出すときにも同様に引数について調べる必要があります。

クラスライブラリの利用（1）―クラスライブラリのドキュメントを活用しよう

　これからはなるべくこのドキュメントを参照するようにしてください。JDKのクラスライブラリを利用するときに必需品となるので、「このクラスはどうなってるの？」と疑問に感じたらすぐに参照するのを習慣にしましょう。

クラスライブラリの利用（2）
―文字列クラス

文字列リテラルの正体

今までに何度となく登場してきました System.out.println("abcdefg"); という記述の中の "abcdefg" は文字列リテラルだという説明を前にしましたね。**実は文字列リテラルは、文字列を扱う String クラスのインスタンス**です。これは、Java の文法規則の中で決められていることです。

文字列リテラルは、String クラスのインスタンスとして、プログラムの開始時にあらかじめメモリに割り当てられます。よって、new キーワードを明示的に使ってインスタンスを生成する必要はありません。

String クラスのオブジェクト参照型の変数を定義して、特定の文字列で初期化するには以下のように記述します。String クラスは java.lang パッケージに属しているので、明示的にインポートする必要はありません。

```
String s ="abcdefg";
```

文字列リテラルで初期化をしていますが、文字列リテラル自体が String クラスのインスタンスなので、そこへの参照を左辺の String クラスのオブジェクト参照型の変数 s に代入すると変数 s が初期化されます。

String クラスの制約

String クラスの特徴は、**一度初期化したら文字列の内容を変更することができない点です**。しかし次のような記述は問題ありません。

```
String s = "abc";
s = s + "def";
```

　最終的に変数sの示す文字列は、"abcdef"になります。これにより、「+」演算子によって文字列が連結されて、新しく"abcdef"の文字列を示すStringクラスのインスタンスが生成され、そのインスタンスの参照が変数sに代入されます。このように、文字列を対象に「+」演算子を利用すると自動的に連結された文字列を示すインスタンスが生成されます。いままで、newキーワードを用いないとインスタンスは生成されないと説明してきましたが、この場合は文字列リテラルと合わせて例外と考えてください。
　また、もともとsが指していた"abc"の文字列を示すインスタンスは参照されなくなってしまうので、ガベージコレクションの対象になります。

文字列比較の落とし穴

　久しぶりに問題を出してみましょう。以下のプログラムを実行すると、どういった結果が表示されるでしょうか？　同じと表示されるか同じでないと表示されるかを考えてみてください。

リスト41-1

```
01: class Sample4101 {
02:   public static void main(String args[]) {
03:     String s1 = "abcde";
04:     String s2 = "abcde";
05:     System.out.println("s1とs2を比較したら？");
06:     if(s1 == s2) {
07:       System.out.println("同じ！");
08:     }
09:     else {
10:       System.out.println("同じではない！");
11:     }
12:   }
```

第41講

```
13: }
```

実際に実行すればすぐわかりますが、「同じ！」と表示されるのが正解です。では、次の場合だとどうでしょうか？

リスト41-2

```
01: class Sample4102 {
02:   public static void main(String args[]) {
03:     String s1 = "abcde";
04:     String s2 = "abcde";
05:     s1 = s1 + "f";
06:     s2 = s2 + "f";
07:     System.out.println("s1とs2を比較したら？");
08:     if(s1 == s2) {
09:       System.out.println("同じ！");
10:     }
11:     else {
12:       System.out.println("同じではない！");
13:     }
14:   }
15: }
```

これも「同じ！」だと思った人は、実はワナにかかっています。正解は、「同じではない！」が表示されます。前の問題で「同じ！」と答えた人は、た
゛
ま
゛
た
゛
ま
゛
正解なだけで、きちんと理由がわかっていたわけではないはずです。

少し意地悪だったかもしれませんが、ここでひとつ Java の規則を説明しましょう。それは、**複数の文字列リテラルの内容が同じ文字列を示していたら、それらはまとめてひとつの String クラスのインスタンスとして扱われる**という規則です。

前者のプログラムの3行目と4行目では、同じ内容の文字列リテラルでそれぞれ初期化を行っていますが、変数 s1 と s2 は同じインスタンスを指し示すことになります。だから6行目の if 文で比較すれば、同じと判定されるのに決まっています。

問題は後者のプログラムです。5行目と6行目で文字列の連結を行っています。この場

合は、連結の結果新たにインスタンスが生成されて変数 s1 と s2 にその参照が代入されますが、生成されるインスタンスはひとつではなくふたつです。変数 s1 と s2 は別々のインスタンスを指し示すことになるので、if 文で比較しても異なっていると判断されます。

オブジェクト参照型の変数同士を比較すると、そのオブジェクトの内容ではなく、一緒のインスタンスを指し示しているかどうかを判定することに注意してください。うっかりしていると間違えてしまうことが多いです。

これを実際の文字列の内容によって比較したい場合には、String クラスの equals メソッドを利用します。

リスト41-3

```
01: class Sample4103 {
02:   public static void main(String args[]) {
03:     String s1 = "abcde";
04:     String s2 = "abcde";
05:     s1 = s1 + "f";
06:     s2 = s2 + "f";
07:     System.out.println("s1とs2を比較したら？");
08:     if(s1.equals(s2) == true) {
09:       System.out.println("同じ！");
10:     }
11:     else {
12:       System.out.println("同じではない！");
13:     }
14:   }
15: }
```

equals メソッドを 8 行目のように使用します。true は真を表すリテラルです。equals メソッドはふたつの String クラスのオブジェクトが示す文字列を比較して、同じ内容だったら true を返します。だから「同じ！」と今度は表示されるはずです。

第41講

String クラスのいくつかのメソッド

String クラスに定義されているメソッドのいくつかを使ったサンプルプログラムを見てみましょう。

リスト41-4

```
01: class Sample4104 {
02:   public static void main(String args[]) {
03:     String s1 = "ねすまりあが列字文ろいろい";
04:     int l = s1.length();
05:     System.out.println("文字列: " + s1);
06:     System.out.println("文字列の長さは" + l + "です");
07:     String s2 = new String();
08:     for(int i = l - 1; i >= 0; i--) {
09:       char c = s1.charAt(i);
10:       s2 = s2 + c;
11:     }
12:     System.out.println("ひっくりかえして: " + s2);
13:
14:   }
15: }
```

今回のサンプルプログラムは、与えられた文字列の長さを求め、文字列をひっくり返してお尻を先頭にする処理をします。3行目に処理の対象となる文字列を変数 s1 に設定しています。

次の4行目で、String クラスのインスタンスメソッドである length メソッドを呼び出して、変数 s1 が示す文字列の長さを求めています。そしてその値を int 型の変数 l に代入しています。それから、5行目で文字列を、6行目で文字列の長さを表示しています。

7行目で文字列をひっくり返す作業のために String クラスのオブジェクト参照型の変数 s2 を宣言して、new キーワードで初期化しています。コンストラクタには何も渡していないので、空っぽの内容を指すインスタンスが生成されます。

8行目の for 文による繰り返しは今までと少し違って凝ったものになっています。int 型の変数 i によって繰り返しが制御されますが、最初の値は変数 s2 が示す文字列の長さを 1

少なくしたものです。そして繰り返しの条件は、変数 i の値が 0 以上であることです。さらに、繰り返すたびに変数 i の値がデクリメントされていきます。

　この繰り返しの意図を説明する前に、9 行目の String クラスのインスタンスメソッドである charAt メソッドについて説明します。このメソッドは、文字列の先頭を 0 番目として、与えられた引数が指す文字を返します。これは配列を思い浮かべるとわかりやすいですね。charAt メソッドの機能は、文字列を char 型の配列と見なしてアクセスすると考えてもよいでしょう。

　文字列の最後にある文字を charAt メソッドによって取得するには、文字列の先頭にある文字を取得するとき引数に 0 を渡すので、その文字列の長さより 1 少ない値を渡します。8 行目の for 文で、変数 i の初期値に変数 l の値を 1 減じて設定しているのはこのためです。charAt メソッドに渡す引数に変数 i を渡していますが、繰り返すたびに 1 減っていって最後に 0 で繰り返しが終了します。結果として文字列の最後から最初へ、後ろから 1 文字ずつ取得することになります。

　10 行目で文字列を連結する「+」演算子が使用されて、そのオペランドに変数 s2 と変数 c が指定されています。「+」演算子で右側のオペランドに char 型の変数が指定された場合は、自動的に 1 文字の文字列に変換されてから連結されます。

　繰り返しの結果、変数 s2 の示す文字列は、最初に変数 s1 によって与えられた文字列の最後を先頭にひっくり返した文字列になります。12 行目で変数 s2 の示す文字列を表示します。最後に実行した結果を示すので、ソースプログラムを見ながら動作を確認しましょう。

```
文字列：ねすまりあが列字文ろいろい
文字列の長さは13です
ひっくりかえして：いろいろ文字列がありますね
```

第41講

中味を更新できる文字列クラス

　文字列を扱うクラスには、String クラスのほかに StringBuffer クラスがあります。StringBuffer クラスは、String クラスと違ってインスタンスそのものを改めることなく文字列の内容を更新できます。

リスト41-5

```
01: class Sample4104 {
02:   public static void main(String args[]) {
03:     StringBuffer s = new StringBuffer("abc");
04:     s.append("def");
05:     System.out.println(s);
06:   }
07: }
```

　3行目で StringBuffer クラスのインスタンスを生成して StringBuffer クラスのオブジェクト参照型の変数 s に代入しています。インスタンスの生成で呼ばれるコンストラクタは、引数に文字列リテラルが渡されているので、String クラスのオブジェクト参照型のひとつのタイプが利用されます。クラスライブラリのドキュメントをさっそく参照してみてください。

　4行目では、変数 s によって、StringBuffer クラスのインスタンスメソッドである append メソッドを呼び出しています。これで、変数 s が示す文字列の末尾に「def」が追加されます。

　5行目では変数 s の内容を表示しています。結果は abcdef になるはずです。String クラスも StringBuffer クラスも実際にはもっとたくさんのメソッドを持っていますが、ここでは説明しきれないので割愛させていただきます。クラスライブラリのドキュメントをうまく活用して、どれだけメソッドがあるのかを把握しましょう。

クラスライブラリの利用（3）
―ファイルの読み込み

Javaでは画面への表示、キーボードからの入力、そしてファイルを読み書きする処理を、一括して**入出力**（input/output）、または英語の頭文字を取って **I/O** と呼びます。また入出力を処理するのに、対象となる機器やファイルを抽象化する**ストリーム**（stream）という仕組みが用意されています。

ストリームにもいくつか種類があり、これに対応してJDKのクラスライブラリにストリームを扱うクラスが、目的と機能に応じていくつも用意されています。これらのクラスは入出力する対象や扱うデータの種類、または入出力の方法などで分類されていますが、うまく継承関係やポリモーフィズムを活用して、利用するのに煩雑にならないように工夫されています。本講と次の講のサンプルプログラムで取り上げるストリームは、文字列を1行単位で入出力することを想定したストリームが中心です。

ストリームクラスのあらまし

ストリームは大別すると、**文字ストリーム**と**バイトストリーム**に分類できます。文字ストリームは文字列を入出力するため、バイトストリームは数値を入出力するためにあります。ストリームに関するクラスを利用する例として次のサンプルプログラムを見てください。

リスト42-1

```
01: import java.io.*;
02:
03: class Sample4201 {
04:
05:   public static void main(String[] args) {
06:
07:     try {
08:       BufferedReader in = new BufferedReader
```

```
09:            (new InputStreamReader(System.in));
10:
11:         String s = in.readLine();
12:         System.out.println("入力されたのは " + s);
13:       }
14:       catch(IOException e) {
15:         System.out.println("入出力に関する例外が発生");
16:       }
17:   }
18:}
```

このサンプルプログラムはキーボードから1行だけ文字列を入力して、その文字列を表示するプログラムです。実行させると画面にカーソルが点滅して、キーボードからの入力待ちになります。適当に文字を入力して Enter キーを押すと1行分の入力が終わったと判断され、入力された文字列を表示して終了します。

ストリームクラスの機能

サンプルプログラムについては、先にストリームに関するクラスが登場する箇所を説明するので、自分でもクラスライブラリのドキュメントを参照してください。まず、8行目のBufferedReaderクラスは文字ストリームから入力を行うためのクラスです。コンストラクタは、BufferedReader(Reader in) という形式を利用しています。引数で指定されているReaderクラスは抽象クラスで、文字ストリームを読み込むクラスはこのクラスを継承しています。

BufferedReaderクラスもReaderクラスのサブクラスですが、1行単位で文字列を読み込む機能があるのが特徴です。BufferedReaderクラスのコンストラクタは、他のReaderクラスのサブクラスを指し示すオブジェクト参照を引数に取ります。BufferedReaderクラスはその引数でもらったオブジェクトを利用して入力処理をします。このときは1文字単位で入力するので、BufferedReaderクラス内で入力した文字を保管して1行単位の入力にまとめます。この保管作業のことを**バッファリング**（buffering）と呼んでいます。BufferedReaderという名前の由来もこの機能によります。

9行目のInputStreamReaderクラスはバイトストリームから入力を行うクラスです。コンストラクタは、InputStreamReader(InputStream in) という形式を利用しています。引数で指定されているInputStreamクラスはバイトストリームの入力を行うクラスすべてのスーパークラスになっています。InputStreamReaderクラスの特徴は、バイトストリームの入力から文字ストリームの入力に対して窓口の役割を果たしている点です。

標準出力と標準入力

サンプルプログラムで、InputStreamクラスのコンストラクタにより引数に指定されているSystem.inは、Systemクラスのクラス変数inのことです。変数inの型はInputStreamクラスのオブジェクト参照型です。この変数inは**標準入力**（standard input）から入力するストリームを指し示していて、常に利用できる状態になっています。通常の場合、標準入力はキーボードで入力します。

もう何回も登場しているSystem.out.println()のSystem.outは、同様にSystemクラスのクラス変数outです。変数outはOutputStreamクラスのオブジェクト参照型で**標準出力**（standard output）に出力するストリームを常に指し示しています。通常標準出力は、コマンドプロンプトの画面に出力を行います。

ストリームクラスの連係

3つのストリームを扱うクラスが連係プレーで入力処理をしていますが、少し込み入っていてわかりづらいかもしれませんね。次の図を見ておさらいしてください。

第42講

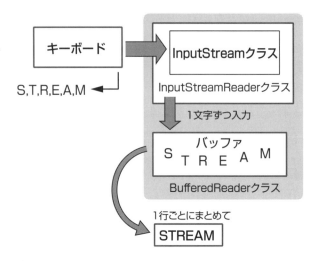

図42-1●キーボードからのストリーム入力

　それでは、サンプルプログラムを順に説明していきます。1行目で、ストリーム関連のクラスは java.io パッケージに属しているためインポートを行っています。7行目から try キーワードによるブロックが始まるのは、ストリームを扱うクラスのメソッドで、IOException の例外が発生する可能性があるからです。

　IOException クラスは Exception クラスのサブクラスなので、try～catch キーワードか throws キーワードで例外処理について明示する必要があります。サンプルプログラムは、try～catch キーワードで例外処理をする方針でプログラミングされています。

　8行目と9行目で BufferedReader クラスのインスタンスが生成されますが、そのときにコンストラクタに渡す引数は InputStreamReader クラスのインスタンスを指し示すオブジェクト参照です。そして InputStreamReader クラスのコンストラクタの引数には標準入力を示す System.in が指定されています。

　つまり、標準入力のバイトストリームを InputStreamReader クラスによって文字ストリームとして扱います。そして BufferedReader クラスによって1行単位でまとめて入力します。

　11行目で、実際に BufferedReader クラスの readLine メソッドを利用して1行分の文字列を入力します。このメソッドを呼び出すと、戻り値として1行分の文字列が返されます。そして12行目でその文字列を表示しています。

　14行目からは、catch キーワードによる例外処理が始まります。15行目で例外が発生し

たというメッセージを表示します。

お好みのファイルを読み込むために

次のサンプルプログラムはファイルを読み込んでその内容を表示するプログラムです。

リスト42-2

```
01: import java.io.*;
02:
03: class Sample4202 {
04:
05:   public static void main(String[] args) {
06:
07:     try {
08:       BufferedReader in = new BufferedReader
09:         (new FileReader(args[0]));
10:
11:       String s;
12:       while((s = in.readLine()) != null) {
13:         System.out.println(s);
14:       }
15:       in.close();
16:     }
17:     catch(IOException e) {
18:       System.out.println("入出力に関する例外が発生");
19:     }
20:   }
21: }
```

このサンプルプログラムを実行するには、今までと違った方法が必要です。読み込みたいファイルのファイル名を指定する必要があります。

```
java Sample4202 abc.txt ⏎
```

第42講

　スペースの後に、ファイル名を入力してから Enter キーを押します。このように入力することでJava VMにデータを渡すことができます。これを**コマンドライン引数**と呼びます。

　コマンドライン引数は、javaコマンドを実行するときにクラス名の指定の後にスペースで区切って複数記述できます。そして、その内容はStringクラスのオブジェクトとして配列でmainメソッドに引数で渡されます。つまり、「main(String[] args)」の引数argsはコマンドライン引数が格納された配列です。

ファイルからの入力

　ファイルから入力を行うにはいくつか方法がありますが、サンプルプログラムではFileReaderクラスを使用しています。FileReaderクラスのコンストラクタは、FileReader(String fileName)という形式を利用しています。ファイル名の文字列を指定すると、そのファイルに対して文字ストリームを入力できます。

　実際のサンプルプログラムの説明に移りましょう。8行目と9行目でBufferedReaderクラスのインスタンスを生成していますが、今回はFileReaderクラスのインスタンスをBufferedReaderクラスのコンストラクタの引数に指定しています。

　FileReaderクラスのコンストラクタの引数にはmainメソッドの引数である配列argsの要素が渡されます。添字に0が指定されているので、コマンドライン引数として入力された一番最初の文字列が渡されます。先ほどの例のように入力すると、args[0]は「abc.txt」という文字列を表しています。FileReaderクラスのインスタンスが生成されると、「abc.txt」ファイルが読み込みできるように準備されます。この準備のことを**ファイルオープン**（file open）と呼びます。

　もし実際に指定されたファイルがなかったらIOExceptionの例外が発生します。その事態を想定して、try～catchキーワードによる例外処理があるのはもうおわかりですね。

ファイルの終わりは何処？

12 行目では少し興味深いことが行われています。while 文で繰り返し処理が開始されていますが、その繰り返しの継続条件の記述を見てください。

```
((s = in.readLine()) != null)
```

「s = in.readLine()」の箇所は、BufferedReader クラスの readLine メソッドによって 1 行分入力して文字列を取得し、変数 s に格納しています。問題はその箇所がさらにカッコで囲まれ null という単語と比較されている点です。

null はオブジェクト参照型の変数が特定のインスタンスを指し示していない状態を意味します。オブジェクト参照型の変数を宣言しても、new キーワードを使ってインスタンスを生成していないなら、その変数の値は null になります。

readLine メソッドは 1 行分の文字列を読み込んで返すと説明しましたが、もしファイルの終わりに到達してしまって読み込む内容がない場合は null を返します。「(s = in.readLine())」の箇所は readLine メソッドを呼び出して返された値を s に代入して、その値をそのまま式の評価に利用するように処理します。

よって、ファイルの終わりに到達していれば、条件式は (null != null) となり偽となります。一方、まだファイルの終わりに到達していないのであれば、左辺は null 以外の値になるので、条件式は真となります。結局ファイルの終わりに到達するまで、while 文による繰り返しが続きます。

13 行目で読み込んだ 1 行分の文字列を表示しています。

15 行目では、すでにファイルを読み込む処理は終了しているので、後始末の処理を行っています。これを**ファイルクローズ**（file close）と呼びます。ファイルクローズは、close メソッドを呼び出せばそれで完了します。標準入力と標準出力は、Java VM によってプログラムの開始時にオープンされ、プログラムの終了時にクローズされるので、明示的にそういった処理をする必要はありません。

クラスライブラリの利用（4）
―ファイルの書き込み

今度は書き込み

ファイルへの書き込みをするクラスもいくつかありますが、本講では、BufferdWriter クラスを取り上げます。このクラスは前の講で登場した BufferedReader クラスと対になっていて、文字列を 1 行単位で出力することができます。

サンプルプログラムは以下のようになります。

リスト43-1

```
01: import java.io.*;
02:
03: class Sample4301 {
04:   public static void main(String[] args) {
05:     try {
06:       BufferedWriter out = new BufferedWriter
07:         (new FileWriter(args[0]));
08:       out.write("This is a pen.");
09:       out.newLine();
10:       out.write("This is a book.");
11:       out.newLine();
12:       out.close();
13:     }
14:     catch(IOException e) {
15:       System.out.println("入出力に関する例外が発生");
16:     }
17:   }
18: }
```

書き込みを行うクラス

　前の講のサンプルプログラムでは、BufferedReader クラスと FileReader クラスの組み合わせで文字ストリームから入力を行うインスタンスを生成しました。本講のサンプルプログラムでは、BufferedWriter クラスと FileWriter クラスを組み合わせて、文字ストリームに出力するインスタンスを生成します。両者のクラスは、ともに抽象クラス Writer のサブクラスです。

　6 行目と 7 行目でそのインスタンスを生成しています。BufferedWriter クラスのインスタンスを生成するのに使っているコンストラクタは、BufferedWriter　(Writer out) という形式を利用しています。Writer クラスのオブジェクト参照型を引数に取りますが、FileWriter クラスのインスタンスを生成して BufferedWriter クラスのコンストラクタに渡しています。

　FileWriter クラスのコンストラクタは、FileWriter(String fileName) という形式を利用しています。このコンストラクタの引数にコマンドライン引数で指定された文字列を渡しています。つまり、コマンドライン引数で指定されたファイルを対象に書き込みます。

　BufferedWriter クラスのインスタンスが生成されると、読み込みのときと同様にファイルがオープンされます。**このとき指定されたファイル名が実際に存在しなかったら新たにファイルを作成し、すでに存在していたら既存ファイルを上書きします。**

いざ書き込み

　8 行目から 11 行目でオープンしたファイルに書き込んでいます。8 行目と 10 行目で呼び出されている BufferedWriter クラスの write メソッドは、Writer クラスからオーバーライドしたものと独自にオーバーロードしたもの、それに Writer クラス固有のものがあって、いくつもバリエーションがあります。ここでの write メソッドは、void write(String str) という形式で Write クラスで定義されています。よってこの場合は、スーパークラスのメソッドが呼び出されることになります。だからクラスライブラリのドキュメントを参照するときは、BufferedWriter クラスではなくて、Writer クラスを参照するようにしてください。

　この場合の write メソッドは引数で渡された文字列を文字ストリームに出力します。BufferedWriter クラスは、BufferedReader クラスと同じように出力するときにバッファリングを行います。そのときに蓄積された文字列がバッファに一杯になったら、その都度ファ

イルに実際の書き込み処理を行います。

改行の問題

　今まで画面に文字列を表示するのに、System.out.println("……");と記述してきましたが、この println メソッドは、引数で渡された文字列を表示したら自動的に改行しています。もし自動的に改行させたくないときは、System.out.print("……") と記述します。
　BufferedWriter クラスの write メソッドも自動的に改行することはありません。よって、9 行目と 11 行目の newLine メソッドで改行します。
　実は改行文字は利用している OS によって異なります。Windows では、「¥r¥n」の 2 文字、Mac OS X や UNIX 系の OS だと「¥n」というように、それぞれが異なっています。ただ、**newLine メソッドを利用すれば、実行している OS に依存せずに改行文字を出力できます**。文字列の中にエスケープシーケンスで改行文字を直接記述してしまうと、他の OS の Java VM で動作させるときに正しく改行されなくなってしまいます。極力そのようにプログラミングするのは避けたほうが賢明でしょう。

最後はきちんとクローズしよう

　このサンプルプログラムでは、2 種類の文字列を改行つきでファイルに出力します。出力が終わって、12 行目で close メソッドを呼び出してファイルクローズをしています。ファイルに出力するときの close メソッドの処理で重要なのが、**その時点でバッファに残っている文字列をファイルに書き込む処理です**。この処理を**フラッシュ**（flush）と呼んでいます。そして明示的にフラッシュを行う flush メソッドも存在していて、結局 close メソッドの内部では flush メソッドを呼び出しています。
　最後になりますが、一連のクラスのメソッドで IOException クラスの例外が発生する可能性があります。よって、その対応として try ～ catch キーワードによる例外処理が記述されています。これについては、詳しい説明がなくてももう大丈夫でしょう。

マルチスレッド（1）
―仕事は部下達に

コンピュータは同時にいくつも仕事を抱えられるか？

今までにサンプルプログラムで実行してきたプログラムの動作は、すべて1本の道筋で表すことができます。条件分岐やメソッドの呼び出しをしたとしても、プログラムの記述に従って整然と処理が行われます。

見方を変えれば、そのコンピュータで行われている処理はひとつだけと考えることができ、CPU 自体も機械語の命令をひとつひとつメモリから取り出して処理を行っています。しかし、実際はコンピュータは同時に複数の処理を行っています。例えばファイルコピーをしている間に、ワープロで文書を作成したりすることができますよね？

このときの CPU は、複数の処理を非常に短い間隔で切り替えながら処理しています。その間隔は人間ではとても認識できないくらい短い間隔なので、傍から見ていると、同時に複数の処理をしているように見えます。このように複数の処理を行うことを**マルチタスキング**（multitasking）と呼びます。

プロセスとスレッド

マルチタスキングにおいて実行されている処理は**プロセス**（process）と**スレッド**（thread）に分類できます。簡単に説明すると、プロセスは皆さんが実行するプログラムやアプリケーションに対応するもので、スレッドはプロセスの中でさらに処理が分割されたものです。ワープロを起動するためにアイコンをクリックしたり、今までのサンプルプログラムを実行するためにコマンドプロンプトから java コマンドが起動したなら、それは新たにプロセスが生成されているのです。

一方スレッドは特定のプロセスに属して存在しているので、単独でスレッドは存在しません。必ず明示的にプロセスの中で生成されます。通常スレッドを生成する処理は、OS やプログラミング言語に依存します。しかし Java の場合は依存しないように工夫されてい

ます。そうでないと、違うOSでも同一のバイトコードで実行できなくなってしまうからです。

さっそくスレッドをつくってみよう

Javaは他のプログラミング言語と比べるとスレッドの生成や管理が容易に行えます。百聞は一見に如かずということで、実際のプログラムを見ながら検討していきましょう。

リスト44-1

```
01: class PrintNumber extends Thread {
02:   public void run() {
03:     for(int i = 0; i < 1000; i++) {
04:       System.out.println("value = " + i);
05:     }
06:   }
07: }
08:
09: class Sample4401 {
10:   public static void main(String[] args) {
11:     PrintNumber o = new PrintNumber();
12:     o.start();
13:     for(int i = 0; i < 20; i++) {
14:       System.out.println("in main method value = " + i);
15:     }
16:   }
17: }
```

サンプルプログラムを説明する前に実行結果を見てください。実行結果は、実行したコンピュータの環境によってそれぞれ異なるので、次に示すのはひとつの例に過ぎません。

```
value = 0
value = 1
value = 2
```

```
in main method value = 0
in main method value = 1
 (略)
in main method value = 16
value = 3
value = 4
 (略)
value = 9
in main method value = 17
in main method value = 18
in main method value = 19
 (略)
```

　サンプルプログラムを見る限り、PrintNumber クラスの run メソッドを呼び出している箇所はありません。しかし実行結果を見ると、まず最初に run メソッド内の for 文による繰り返しによって文字列が画面に表示されています。しかも、その表示は 1000 回繰り返されるはずなのに、3 行分表示されただけで中断し、続いて main メソッド内の 14 行目による画面表示が 17 行分繰り返されています。

スレッドはインスタンスだった

　これは動作がおかしいわけではなくて、スレッドを生成して動作させているからです。タネ明かしをしますが、このサンプルプログラムでスレッドは Print　Number クラスのインスタンスとして存在しています。11 行目でインスタンスを生成した時点で、スレッドが新たに生成されています。そして 12 行目で start メソッドを呼び出してそのスレッドの動作を開始させています。

　start メソッドは PrintNumber クラスのスーパークラスである Thread クラスで定義されています。Thread クラスは java.lang パッケージに属しているので、明示的にインポートする必要はありません。それで start メソッドを呼び出すと、自動的に **run メソッドの内容をスレッドの処理内容として実行します。**

　しかも、run メソッドの処理は今までとは違いスレッドの処理なので、他の処理と平行して動作します。サンプルプログラムの場合は、12 行目で start メソッドを呼び出してス

レッドの動作が始まると、**runメソッドの処理が完了したかどうかに関わらず**次の13行目に処理が移ります。

13行目のfor分による繰り返しを行っている間にもPrintNumberクラスのインスタンスによるスレッドが動作します。つまり、ふたつの繰り返し処理は並行して行われています。とはいえ、厳密にはそれぞれの繰り返しを切り替えて処理していることになるのはマルチタスキングのところで説明しましたね。

まだあるスレッドをつくる方法

スレッドを生成する方法はもうひとつあります。下のサンプルプログラムを見てください。

リスト44-2

```
01: class PrintNumber implements Runnable {
02:   public void run() {
03:     for(int i = 0; i < 1000; i++) {
04:       System.out.println("value = " + i);
05:     }
06:   }
07: }
08:
09: class Sample4402 {
10:   public static void main(String[] args) {
11:     PrintNumber p = new PrintNumber();
12:     Thread o = new Thread(p);
13:     o.start();
14:     for(int i = 0; i < 20; i++) {
15:       System.out.println("in main method value = " + i);
16:     }
17:   }
18: }
```

前のサンプルプログラムと異なる点は 2 つです。ひとつは、PrintNumber クラスが Thread クラスを継承するのではなく、Runnable インターフェイスを実装している点です。もうひとつは、Thread クラスのインスタンスを生成してから start メソッドを呼び出している点です。なぜ異なっているかというと、PrintNumber クラスは Thread クラスを継承していないので、start メソッドを呼び出すために、Thread クラスのインスタンスが必要だからです。

　この場合に利用されている Thread クラスのコンストラクタは、Thread (Runnable target) の形式です。引数が Runnable インターフェイスとなっていますが、これは間違いではなくて**インターフェイスの参照を引数に渡している**ことを示します。このように指定すると、Runnable インターフェイスを実装しているクラスのオブジェクト参照を引数に渡すことが可能です。この場合は、インターフェイスが抽象クラスのようなものとして扱われていると考えるのがよいでしょう。

マルチスレッド（2）
―お互いを調整するには

　起動されたスレッドの処理が終了するのを把握して、それまで待機したいときにはjoinメソッドを利用します。joinメソッドを呼び出したスレッドは、startメソッドによって起動されたスレッドの処理、つまりrunメソッドの処理が完了するまでずっと待機します。詳しいことは実際のサンプルプログラムで説明しましょう。

リスト45-1

```
01: class PrintNumber extends Thread {
02:   public void run() {
03:     for(int i = 0; i < 5; i++) {
04:       System.out.println("value = " + i);
05:     }
06:   }
07: }
08:
09: class Sample4501 {
10:   public static void main(String[] args) {
11:     PrintNumber o = new PrintNumber();
12:     o.start();
13:     try {
14:       o.join();
15:     }
16:     catch(InterruptedException e) {
17:       System.out.println("例外が発生");
18:     }
19:     for(int i = 0; i < 10; i++) {
20:       System.out.println("in main method value = " + i);
21:     }
22:   }
23: }
```

1行目のPrintNumberクラスはThreadクラスを継承しているので、このクラスのインスタンスはスレッドとして動作可能です。スレッドの処理内容がrunメソッドで定義されることは前の講で説明済みですね。runメソッドの処理内容は、3行目から5行目を見ればわかりますが、for文による繰り返しで表示しています。

いっぽうSample4501クラスのmainメソッドでは、PrintNumberクラスのインスタンスを生成してスレッドを起動しています。11行目でスレッド処理を行うインスタンスを生成して、12行目でスレッドを起動しています。

そして、14行目でjoinメソッドを呼び出しています。joinメソッドはInterruptedException例外を送る可能性があるので、try〜catchキーワードによって例外処理を行っています。先ほどは、joinメソッドを呼び出したスレッドが待機すると説明しましたが、この場合の待機するスレッドとは、mainメソッドを処理するスレッドです。**Java VMはmainメソッドを処理するためのスレッドを自動的に生成します。**

実際の動作に当てはめて考えれば、14行目でjoinメソッドを呼び出すと前の12行目で起動されたスレッドが終了するまで待機します。つまり、PrintNumberクラスのrunメソッドの処理が終了するまで待機します。下の実行結果を見てください。

```
value = 0
value = 1
value = 2
value = 3
value = 4
in main method value = 0
in main method value = 1
 (以下略)
```

「value = ○」という表示はPrintNumberクラスのrunメソッドによって表示されたものです。それに対して「in main method value = ○」という表示はmainメソッドが行ったものです。runメソッドの処理は、5回繰り返して表示を行うものですが、表示結果からmainメソッドによる表示が始まる前に5回分の表示を完了していることが表示結果からわかります。joinメソッドを呼び出すことで、mainメソッドを処理するスレッドがrunメソッドによる処理が終了するまで待機していることから、このような表示結果になるのです。

第45講

お一人様限定の処理

複数のスレッドを同時に起動したときに run メソッド内で変数を扱っているなら、場合によってその扱いについて気をつける必要があります。ローカル変数に関しては、生成されたスレッドごとに個別のメモリ領域が割り当てられますので、個々のスレッドごとに独自のローカル変数の値を所持します。よって、他のスレッドの処理を意識する必要はありません。

その一方で注意が必要な場合をサンプルプログラムにそって考えてみましょう。

リスト45-2

```
01: public class Value {
02:
03:   private int count = 0;
04:
05:   public void add() {
06:     int a = count;
07:     a++;
08:     for(int i = 0; i < 1000; i++) {
09:       for(int j = 0; j < 1000; j++) {
10:       }
11:     }
12:     count = a;
13:     System.out.println("value = " + count);
14:   }
15: }
```

リスト45-3

```
01: public class PrintNumber extends Thread {
02:   private Value obj;
03:
04:   public PrintNumber(Value o) {
05:     obj = o;
06:   }
07:
```

```
08:    public void run() {
09:      for(int i = 0; i < 50; i++) {
10:        obj.add();
11:      }
12:    }
13: }
```

リスト45-4

```
01: public class Sample4502 {
02:   public static void main(String[] args) {
03:     Value v = new Value();
04:     PrintNumber o1 = new PrintNumber(v);
05:     o1.start();
06:     PrintNumber o2 = new PrintNumber(v);
07:     o2.start();
08:   }
09: }
```

　3つにプログラムが分割されていますが、javac Sample4502.java⏎ とコマンドプロンプトに入力すればすべてのプログラムがコンパイルされます。それではサンプルプログラムについて説明を始めましょう。

　最初に、Value.javaファイルで定義されているValueクラスですが、3行目にフィールドの宣言があって、int型で名前がcountのフィールドを宣言しています。次に5行目でaddメソッドの定義が始まっています。addメソッドは、6行目でcountフィールドをint型のローカル変数aに代入して、7行目で変数aの値をインクリメントしています。

　そして8行目から11行目で二重のfor文によって1000×1000回、つまり100万回繰り返しを行っています。この目的は単純に時間稼ぎです。この繰り返しの処理をしている間に別のスレッドの処理が行われるようにわざとそう記述しています。

　その次の12行で、ローカル変数aの値をcountフィールドに代入しています。ここで注目すべきポイントは、100万回繰り返している最中に他のスレッドがaddメソッドを呼び出す可能性があることです。そのときに取り出されるcountフィールドの値は、まだ12行目でローカル変数aの値をcountフィールドに代入する前なので、7行目でローカル変数a

の値をインクリメントしたことは反映されていません。つまり、結果としてcountフィールドの値をインクリメントしたことが無駄になってしまいます。実際にサンプルプログラムでは、Sample4502クラスのmainメソッドでふたつのスレッドを生成して起動しています。

そして確かに実行結果を見ると、正しくcountフィールドの値が増加していないのがはっきりとわかります。

```
value = 1
value = 2
 (略)
value = 15
value = 4
value = 5
value = 5
value = 6
value = 7
 (略)
value = 74
value = 75
```

この現象に対処するには、あるスレッドがaddメソッドを処理している間は、別のスレッドがaddメソッドの処理を行わずに待機するようにすればいいのです。この処理のことを**排他制御**（exclusive access control）と呼びます。実際の例は、Value.javaファイルを以下のように変更して再度コンパイルして実行してください。

リスト45-4

```
01: public class Value {
02:
03:     private int count = 0;
04:
05:     public synchronized void add() {
06:         int a = count;
07:         a++;
```

```
08:     for(int i = 0; i < 1000; i++) {
09:       for(int j = 0; j < 1000; j++) {
10:       }
11:     }
12:     count = a;
13:     System.out.println("value = " + count);
14:   }
15: }
```

　addメソッドの修飾子に **synchronized** キーワードが指定されています。こうするとaddメソッドは同時にひとつのスレッドからしか呼び出されないことが保証されます。あるスレッドがaddメソッドを呼び出して処理中の時に、別のスレッドがaddメソッドを呼び出そうとすると、先に処理中のスレッドが処理を終えるまで待機させられます。

　このように変更を加えて実行すると、きれいに100まで数値が増加していくのが表示されるはずです。ふたつのスレッドを生成して、それぞれのスレッドで50回ずつaddメソッドを呼び出すので、最後の値はちょうど100と表示されるはずです。

　排他制御を行うには、もうひとつ方法があります。addメソッドに先ほど追加したsynchronizedの指定を取り去ってから、PrintNumber.javaを次のように変更して再度実行してください。

リスト45-6

```
01: public class PrintNumber extends Thread {
02:   private Value obj;
03:
04:   public PrintNumber(Value o) {
05:     obj = o;
06:   }
07:
08:   public void run() {
09:     for(int i = 0; i < 50; i++) {
10:       synchronized(obj) {
11:         obj.add();
12:       }
13:     }
```

第45講

```
14:     }
15: }
```

　synchronizedキーワードによってブロックを作ります。こうすることで、synchronizedキーワードの後にあるカッコのなかに指定されたオブジェクトを参照できるスレッドはひとつに限定されます。この場合はカッコのなかに「obj」が指定されているので、objが指し示すValueクラスのインスタンスが処理の限定対象になります。この状態をオブジェクトを**ロック**（lock）すると呼びます。

　スレッドの処理を行うときは、通常複数のスレッドを生成し、必要に応じて排他制御を行います。このように、複数のスレッドで協調して動作を行うことを**マルチスレッド**（multi thread）と呼びます。マルチスレッドによるプログラミングは非常に奥が深いものなので、本書の講義ではその入り口しか説明することができません。機会があれば別の書籍等を参照してその奥の深い世界に触れてみることをお勧めします。

Swing の基礎（1）
―GUI でプログラミング

CUI と GUI、そして Swing

　今までのサンプルプログラムは、文字を表示するだけのプログラムでした。こういった形式のプログラムを **CUI**（Character User Interface）と呼びます。それに対して Java では、マウスによる操作でより視覚的なプログラムを作ることができます。これを **GUI**（Graphical User Interface）と呼びます。

　Java で GUI を用いたプログラムを作成するには、**AWT**（Abstract Window Toolkit）と呼ばれるクラスライブラリを利用するか、**Swing** と呼ばれるクラスライブラリを利用する方法があります。本書では、Swing による GUI プログラムの作成を説明したいと思います。Swing は、JDK のバージョン 1.2 から採用されたクラスライブラリですが、Java で GUI プログラムを作成するならこちらを使うことも多くなっています。

Swing の特徴

　Swing の特徴を語るなら、まずは AWT との違いを押さえておいたほうがいいでしょう。Swing と AWT の一番大きな違いは、Swing はすべて Java 言語によって記述されている点です。AWT の設計や実装は OS の機能に依存しているため、まったく同じプログラムを別の OS で実行させると見た目や細かい動作に差異が生じることを避けられませんでした。しかし Swing では、OS に依存することがないように設計されているので、そういった問題を解決しています。さらに Swing では AWT よりも多くの種類の GUI を構成する部品が用意されています。

　Swing にしても AWT にしても、ひとつの部品はひとつのクラスとして実装されているので、その設計や機能を把握しやすくなっています。コンピュータの専門用語では、こうした部品のことを**コンポーネント**（component）と呼びます。ちょうど積み木やブロックを組み合わせるようにコンポーネントを利用することで、効率よくプログラミングできるようにすることを目的にしています。

第46講

　Swingを構成するクラスについては、とてもすべてを紹介しきれるものではありません。また、一部のクラスを取り上げるにしても、そのすべてのメソッド等を説明することもできませんので、第40講で説明したクラスライブラリのドキュメントを利用して、登場するSwingに関するクラスについての理解を深めるように努めてください。それではいくつかSwingのコンポーネントを紹介しましょう。下の表に示すコンポーネントを紹介していきます。

表46-1●Swingクラス

コンポーネント	クラス名
フレーム	JFrame
ボタン	JButton
リスト	JList
コンボボックス	JComboBox
チェックボックス	JCheckBox
ラジオボックス	JRadioBox
メニュー	JMenuItem

フレーム

　ワープロなどのアプリケーションを起動すると、画面に表示されることをウィンドウと呼びますが、JavaのSwingでは、ウィンドウのことをフレームと呼びます。フレームを作成するためのクラスにJFrameが用意されています。JFrameを使って画面にウインドウを表示するサンプルプログラムは次のようになります。

リスト46-1

```
01: import javax.swing.*;
02:
03: public class Sample4601 extends JFrame {
04:     public Sample4601() {
05:         super("This is a test");
06:         setBounds(200,200,200,200);
07:         setVisible(true);
```

```
08:   }
09:
10:   public static void main(String[] args) {
11:     Sample4601 o = new Sample4601();
12:   }
13: }
```

このサンプルプログラムを実行すると次のようなウインドウが表示されます。

画面46-2●JFrameによるウインドウ

ただし、右上の「×」ボタンを押してもプログラムは終了しないので、Ctrl+C で終了させてください。

サンプルプログラムについて解説します。ウィンドウを表示したいときには、JFrame クラスのサブクラスを宣言します。3 行目を見ると、Sample4601 クラスは JFrame クラスを継承しているのがわかります。4 行目からのコンストラクタで各種の設定を行っています。

5 行目でスーパークラスのコンストラクタに引数として渡した文字列がウィンドウのタイトルとして表示されていますね。これは、スーパークラスである JFrame クラスのコンストラクタでこのような処理を行うからです。

6 行目の setBounds メソッドは、ウィンドウの位置する座標と大きさを同時に指定しています。最初のふたつの引数でウィンドウの位置の X 座標と Y 座標、後のふたつの引数でウィンドウの横サイズと縦サイズを指定します。引数の指定では、すべて**ピクセル**（pixel）

第46講

と呼ばれる画面上の画素一個分を単位とします。

　7行目のsetVisibleメソッドは、ウィンドウを実際に画面表示するメソッドです。このメソッドを呼び出さないと、画面には表示されないので注意してください。以上がコンストラクタの動作です。11行目でSample4601クラスのインスタンスが生成されるので、そのタイミングでウィンドウの位置やサイズの指定などをして、画面表示するわけです。このように、インスタンスを生成することがウィンドウを生成することに完全に直結しています。

ボタン

　ボタンは主にマウスでクリックして、次の動作を指定するときなどに利用します。例えば、次のようにボタンは表示されます。

画面46-3●JButtonによるボタン

　左隅のちょっと盛り上がっていて段差がある四角形全体がボタンです。このコンポーネントからサンプルプログラムを示すのは省略します。これからは各コンポーネントの機能や形状を中心に紹介していきます。

リスト

　リストは複数の選択項目を表示して、マウスでひとつ、または複数の項目を選択させることができます。項目の表示は視覚的に凝ることもできる、応用の利くコンポーネント

です。

画面46-4●JListによる例

コンボボックス

コンボボックスはリストと同じような機能を持ちますが、リストと違って常にひとつしか項目を選択できません。

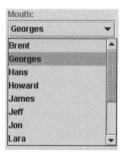

画面46-5●JComboBoxによる例

第46講

チェックボックス

チェックボックスは、それぞれの項目を選択、非選択の状態に操作することができて、視覚的にもどちらの状態なのかがわかりやすくできています。画像を使ってより視覚的なチェックボックスを作ることもできます。

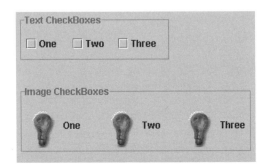

画面46-6●JCheckBoxによる例

ラジオボックス

ラジオボックスは複数の選択項目をひとつのグループと考えて、そのうちのひとつを選択するようにします。通常同じグループは囲まれて表示されます。チェックボックスと同様に画像を使ってより視覚的にすることもできます。

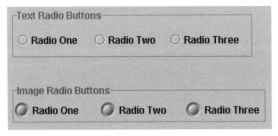

画面46-7●JRadioButtonによる例

メニュー

このコンポーネントは、階層的に選択項目を表示することで、各種の処理やコマンドの実行などの処理を選択させることを目的にしています。メニューの中にチェックボックスやラジオボタンを埋め込むこともできます。たくさんボタンなどを並べるよりもメニューに割り振ったほうが簡潔で効率的なことが多いので、本格的なアプリケーションはたいていメニューを使用しています。

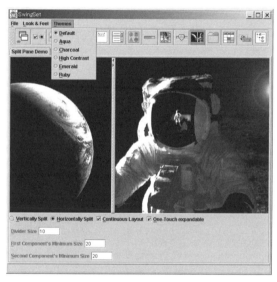

画面46-8●JMenuBarによる例

Swingを使ったプログラミングの学習

本書ではSwingを扱っていますが、それぞれのコンポーネントを利用するための詳しい方法は学習範囲に入っていません。これからあとの3講でSwingについての講義を行いますが、Swingコンポーネントがマウスやキーボードによる入力を受けたときの処理についてが主な内容で、さらに概念と文法に関して重点的に説明をします。

実際にプログラミングをして試してみることのできるコンポーネントは、残念ながらこの講で紹介したコンポーネントの一部に過ぎません。ただ、基本はコンポーネントのクラ

第46講

スが持つフィールドやメソッドの機能をきちんと理解することです。本書の範囲を超える内容については、クラスライブラリのドキュメントや他の書籍を参照してください。

Swingの基礎（2）
―イベント処理のメカニズム

動作はイベント次第

　普段皆さんはウィンドウズなどの OS でいろいろなアプリケーションを利用していると思いますが、そういったアプリケーションのほとんどが GUI を採用しています。マウスを動かしたり、クリックしたりしてボタンを押す、メニューを選択するなどの操作を当たり前のようにしているはずです。

　こういった操作を、すべて**イベント**（event）と呼んでいます。一般的に使われるイベントと同じ単語ですが、ちょっとニュアンスが違います。そして、コンピュータのプログラムやシステムでイベントに対応することを**イベント処理**と呼びます。Java でもイベント処理をするための仕組みが用意されていますが、今までに登場した各種の処理より多少複雑です。本講義もほとんど終盤に差し掛かりましたので、じっくりと段階を踏んでマスターしていきましょう。

どこからイベントは生まれてくるの？

　たとえば、前の講で説明したボタンのコンポーネントが画面上に表示されていて、マウスでそのボタンをクリックしたとします。このときイベントが発生するわけです。イベントを発生させた張本人は、マウスによるクリックです。ただし、イベント処理をするときには、マウスでクリックされたという事実は副次的なもので、問題の中心は、マウスによってクリックされたコンポーネントはどれか？ということです。

　そのコンポーネントのことを**イベントソース**（event source）と呼びます。先ほどの例で説明すると、ボタンがイベントソースであり、そのボタンに対応した JButton クラスのインスタンスを、イベントソースオブジェクトと呼びます。つまり、イベントの出発点は、オブジェクトからとなります。

第47講

イベントは誰が処理するのか？

　イベントを発生させる側の事情はわかったので、今度はイベントを受けて処理する側です。イベントを処理するのも、オブジェクトを媒介にして処理されます。正確には、クラスの設計段階でこういったイベントを処理するという方針を定めて、クラスにその機能を付加するようにプログラミングします。

　具体的には、イベントソースオブジェクトで発生したイベントを処理するオブジェクトを、イベントソースオブジェクトにあらかじめ通知しておくことになっています。つまり、イベントが発生したら、**イベントソースはどこに対してイベントを通知すればよいのか知っている**のです。イベントを通知する相手は誰なのかと探し回ったりしなくてもいいようになっています。また、通知する相手のオブジェクトはひとつに限らず、複数あっても問題ありません。

　このようにイベントソースオブジェクトにイベントが発生したら、「このオブジェクトに通知してください」とあらかじめ届け出ておくオブジェクトのことを**イベントリスナ**（event listener）と呼びます。

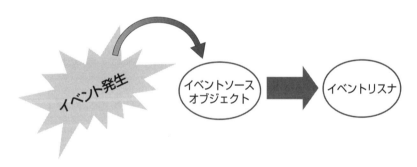

図47-1●イベント処理

　仮にイベントリスナを登録しておくのを忘れてしまうと、イベントが発生しても処理のしようがありません。くれぐれも忘れないように注意してください。

イベント処理の内容はどこで記述するのか？

具体的なイベント処理の内容は、イベントリスナのクラスで処理したいイベントの種類に合わせてインターフェイスを実装し、そのインターフェイスのメソッドをオーバーライドして記述します。このインターフェイスのことを**イベントリスナインターフェイス**（event listener interface）と呼びます。イベントリスナインターフェイスで宣言しているメソッドは、イベントが発生したときにイベントソースオブジェクトが呼び出すメソッドです。

よって、処理したいイベントの種類に合わせて、厳密にイベントリスナのクラスにイベントリスナインターフェイスを実装する必要があります。インターフェイスの説明を思い出して欲しいのですが、あるインターフェイスを実装したら、そのクラスは、実装したインターフェイスを持つすべてのメソッドをオーバーライドする必要があります。

イベントリスナインターフェイスのメソッドをオーバーライドしたメソッドのことを、**イベントメソッド**（event method）と呼びます。イベントメソッドの名前や引数はインターフェイスによってあらかじめ決められています。

イベント処理の実際

それでは最後にサンプルプログラムでイベント処理が実際にどのようになっているのかを見てみましょう。前の講のサンプルプログラムはウインドウを表示するプログラムでしたが、右上の「×」印を押してもプログラムが終了しませんでした。これを適切にイベント処理をして、きちんと終了するように修正します。

リスト47-1

```
01: import javax.swing.*;
02: import java.awt.event.*;
03:
04: public class Sample4701 extends JFrame
05:    implements WindowListener {
06:
07:    public Sample4701() {
```

第47講

```
08:        super("This is a test");
09:        setBounds(200,200,200,200);
10:        setVisible(true);
11:        addWindowListener(this);
12:     }
13:
14:     public static void main(String[] args) {
15:        Sample4701 o = new Sample4701();
16:     }
17:
18:     public void windowClosing(WindowEvent e) {
19:        System.exit(0);
20:     }
21:
22:     public void windowOpened(WindowEvent e) {}
23:     public void windowClosed(WindowEvent e) {}
24:     public void windowActivated(WindowEvent e) {}
25:     public void windowDeactivated(WindowEvent e) {}
26:     public void windowIconified(WindowEvent e) {}
27:     public void windowDeiconified(WindowEvent e) {}
28:
29: }
```

まず、1行目は、Swingを利用するためにインポートしています。2行目は、イベント処理をするためのインポートです。イベント処理に必要なクラスはAWTのクラスをそのまま利用します。

4行目から10行目は基本的に46講のサンプルプログラムと同じ内容なので説明しません。そして次の11行目は重要です。addWindowListenerメソッドは、イベントリスナを登録するメソッドです。引数に指定されたオブジェクトがイベントリスナとして登録されます。この場合は、thisキーワードが指定されているので、Sample4701クラスがイベント処理をするように登録しています。よって、Sample 4701クラスはイベントリスナインターフェイスを実装する必要があります。5行目でWindowsListerインターフェイスを実装する宣言をしています。

18行目からのメソッドの定義は、WindowListerインターフェイスのメソッドをオーバーライドしています。このwindowClosingメソッドは、ウインドウが閉じられようとした場

合、つまり、画面で説明するとウインドウの右上の「×」印をマウスでクリックしたときに発生するイベントに対応しています。

　イベントソースオブジェクトでは、イベントの種類を解析した結果、windowClosingの呼び出しという形で、イベントリスナによって登録されたオブジェクトにメソッドの呼び出しをします。呼び出されたメソッドはインターフェイスのメソッドなので、必ずイベントリスナのクラスでオーバーライドされているわけですね。

　18行目のwindowClosingメソッドの引数は、WindowEventクラス型のオブジェクト参照のひとつです。これには、発生したイベントに関する各種情報が含まれています。その詳しい内容については、ここでは説明しません。

　19行目で、Systemクラスのクラスメソッドであるexitメソッドを呼び出しています。このメソッドを呼び出すと強制的にプログラムを終了します。

　22行目から27行目は、18行目と同様に、WindowListenerインターフェイスで宣言されているメソッドを残らずオーバーライドしています。ただしこれらのメソッドの中カッコの中身は今回、具体的な処理をする必要がないので空です。何もしなくていいからといって、オーバーライドしなくてもいいわけではないのはもうおわかりですね？

Swingの基礎（3）
―簡単便利アダプタクラス

こいつは便利なアダプタクラス

　第47講のサンプルプログラムで簡単なイベント処理の記述について説明しましたが、毎回ひとつのイベントを処理するために、処理する必要のないイベントリスナインターフェイスのメソッドをすべてオーバーライドするのも面倒ですね。実はこれを解決する方法が用意されています。

　その方法とは**アダプタクラス**（adapter class）を利用するやり方です。アダプタクラスは、本来のイベントリスナの代わりにイベントソースからの通知に対応してくれます。いわば、学校とかで人の代わりに出席票を提出する「代返」みたいなものですね。

　アダプタクラスは、イベントの種類に応じていくつもクラスライブラリによって用意されています。そしてアダプタクラスは、必要なイベントリスナインターフェイスを実装してイベントメソッドをオーバーライドしています。ただし特定の処理を記述しているわけではなく、何も処理しないようにオーバーライドしています。

　特定のイベントメソッドにイベント処理をさせたいときは、**アダプタクラスのサブクラスを宣言します。**そして必要なイベントメソッドのみオーバーライドします。アダプタクラスのほうでインターフェイスの実装と、すべてのメソッドのオーバーライドをしてしまっているので、独自に宣言したアダプタクラスのサブクラスでは、そのいずれもする必要がなく、本当に処理したいイベントメソッドのみ意識すればいいことになります。

アダプタクラスの実際

　それでは、第47講のサンプルプログラムをアダプタクラスを利用するように修正してみます。

リスト48-1

```
01: import javax.swing.*;
02: import java.awt.event.*;
03:
04: class Sample4801 extends JFrame {
05:
06:   public Sample4801() {
07:     super("This is a test");
08:     setBounds(200,200,200,200);
09:     setVisible(true);
10:     addWindowListener(new MyWindowAdapter());
11:   }
12:
13:   public static void main(String[] args) {
14:     Sample4801 o = new Sample4801();
15:   }
16: }
17:
18: class MyWindowAdapter extends WindowAdapter {
19:   public void windowClosing(WindowEvent e) {
20:     System.exit(0);
21:   }
22: }
```

1行目と2行目は必要なクラスをインポートする記述ですね。これについてはもう詳細な説明は不要でしょう。4行目のクラス宣言からWindowListenerインターフェイスを実装する記述がなくなっていることに注目してください。

その後9行目までは第47講のサンプルプログラムの処理と違いはありませんが、10行目でMyWindowAdapterクラスのインスタンスをnewキーワードで生成してイベントリスナとして登録しています。Sample4801クラスではなくて、MyWindow　Adapterクラスをイベントリスナとするところが第47講のサンプルプログラムの処理と異なっている点です。

18行目から肝心のMyWindowAdapterクラスの宣言が始まっています。前に説明したとおり、このクラスはアダプタクラスを継承している必要があります。この場合は、

第48講

WindowAdapterクラスを継承しています。アダプタクラスを継承していなければ、イベントリスナとしてイベントソースに登録することはできません。

今回のサンプルプログラムもコンパイルして実行してみると、動作としては同じ結果になると思います。一度実際に動作をさせて確認してください。

イベントいろいろあるけれど

各種のイベントにまつわるクラス名などには、ある程度の規則性があります。JFrameクラスがイベントソースとして発生させるイベントは、Windowイベントです。そのイベントリスナはWindowListenerで、アダプタクラスはWindowAdapterです。イベントメソッドの引数は、WindowEventクラスのオブジェクト参照です。

原則として、イベントの名称を基準にして各種のクラスやメソッドの識別子が変化していきます。次の表を参考にしてください。

表48-1●イベントいろいろ

イベントソース	イベント名	イベントリスナインターフェイス	アダプタクラス	イベントクラス
JFrame	Window	WindowListener	WindowAdapter	WindowEvent
JButton	Action	ActionListener	なし	ActionEvent
JList	ListSelection	ListSelectionListener	なし	ListSelectionEvent
JComboBox	Action	ActionListener	なし	ActionEvent
JCheckBox	Item	ItemListener	なし	ItemEvent
	Action	ActionListener	なし	ActionEvent
JRadioButton	Action	ActionListener	なし	ActionEvent
JMenu	Action	ActionListener	なし	ActionEvent

もうひとつのサンプルプログラム

今度はボタンを表示してイベント処理を行うサンプルプログラムです。

リスト48-2●イベント処理

```
01: import javax.swing.*;
02: import java.awt.event.*;
03:
04: class Sample4802 extends JFrame
05:    implements ActionListener {
06:    public Sample4802() {
07:       super("This is a test");
08:       setBounds(200,200,200,200);
09:       JPanel pnl = new JPanel();
10:       JButton btn = new JButton("このボタンを押して！");
11:       pnl.add(btn);
12:       getContentPane().add(pnl,"Center");
13:       addWindowListener(new MyWindowAdapter());
14:       btn.addActionListener(this);
15:       setVisible(true);
16:    }
17:
18:    public void actionPerformed(ActionEvent e) {
19:       System.out.println("ボタン押されましたっ");
20:    }
21:
22:    public static void main(String[] args) {
23:       Sample4802 o = new Sample4802();
24:    }
25: }
26:
27: class MyWindowAdapter extends WindowAdapter {
28:    public void windowClosing(WindowEvent e) {
29:       System.exit(0);
30:    }
31: }
```

6行目からSample4802クラスのコンストラクタの処理が始まっています。9行目でJPanelクラスのインスタンスを生成しています。これは、フレームの上に直接ボタンを載せるのではなく、間に1枚JPanelというSwingコンポーネントを挟む物だと考えてください。JFrameクラスやJPanelクラスのように、他のSwingコンポーネントを受け入れる機能を持ったSwingコンポーネントを**コンテナ**（container）と呼びます。

10行目でJButtonクラスのインスタンスを生成しています。コンストラクタに文字列を渡していますが、これはボタンに表示される文字列になります。11行目で、JPanelクラスのインスタンスを指し示す変数pnlを介してaddメソッドを呼び出しています。これで、JPanelにJbuttonが貼り付けられたことになります。

12行目のgetContentPaneメソッドは、JFrameクラスでRootPaneContainerインターフェイスを実装し、オーバーライドしたメソッドです。このメソッドを呼び出して得たContainerクラスのインスタンスへの参照でaddメソッドを呼び出しています。これによりJFrameにJPanelを配置することができます。2番目の引数では、真ん中に揃えてJFrameに配置するように指定しています。

13行目は、前のサンプルプログラムと同様に、ウィンドウ自体に対するイベントリスナの登録処理です。

次の14行目で、ボタンを押してイベントが発生したときのイベントリスナには、this、つまりSample4802クラスを登録することになります。ボタンに関するイベントを処理するために、ActionListenerインターフェイスを実装しています。

ActionListenerインターフェイスはactionPerformedメソッドしか宣言していないので、オーバーライドしなければならないメソッドもひとつです。それが理由なのかはわかりませんが、Actionイベントに対してはアダプタクラスがありません。

18行目からボタンを押した場合のイベント処理が始まります。この場合の処理はコマンドプロンプトにボタンを押すたびに1行表示するものです。

Swingの基礎（4）
―クラスのためのクラス

特定のクラスに仕えるクラス

　第48講でアダプタクラスを利用すれば、イベント処理を記述するのに便利であることを説明しました。アダプタクラスを利用するには、独自に、すでにクラスライブラリで用意されているアダプタクラスを継承して、サブクラスを宣言する必要がありますね。このとき仮にイベントソースとなるクラスがpublicに指定されているとすると、独自に宣言するアダプタクラスは別ファイルにする必要があります。

　本来、独自に宣言するアダプタクラスは特定のイベントソースに対応した処理を行う必要があります。イベントソースとなるクラスにpublicのアクセス指定をするのをやめればいいのですが、場合によっては都合が悪いこともあるかもしれません。こういった場合に便利な方法があります。

　それは**内部クラス**（inner class）と呼ばれる方法です。これは、**特定のスコープ内で宣言するクラス**のことです。内部クラスが使用されているソースプログラムを見ると、クラスの宣言中にクラス宣言が入っていることになります。

　内部クラスは、その宣言があるスコープ内の変数やメソッドに直接アクセスすることができます。内部クラスを利用しないで独自に宣言するアダプタクラスを利用する場合は、newキーワードを使ってインスタンスを生成するときに、引数にアクセスしたい変数、あるいはイベントソースとなるクラスのオブジェクト参照を渡す必要があります。それから、独自に宣言するアダプタクラスのメソッドで、引数を介してアクセスするように記述しなくてはいけません。しかし、内部クラスを使用すればこういったことは不要で直接アクセスすることができます。

　それと内部クラスを宣言するときは、内部クラスが宣言されているスコープの外からは、内部クラスのインスタンスを生成することはできません。内部クラスはあくまでも特定のスコープで利用可能なクラスです。

第49講

　それでは第47講でアダプタクラスを使ってイベント処理をしていたサンプルプログラムで内部クラスを使うようにしてみましょう。修正したサンプルプログラムは次のようになります。

リスト49-1

```
01: import javax.swing.*;
02: import java.awt.event.*;
03:
04: public class Sample4901 extends JFrame
05:    implements ActionListener {
06:   public Sample4901() {
07:     super("This is a test");
08:     setBounds(200,200,200,200);
09:     JPanel pnl = new JPanel();
10:     JButton btn = new JButton("このボタンを押して！");
11:     pnl.add(btn);
12:     getContentPane().add(pnl,"Center");
13:     addWindowListener(new MyWindowAdapter());
14:     btn.addActionListener(this);
15:     setVisible(true);
16:   }
17:
18:   public void actionPerformed(ActionEvent e) {
19:     System.out.println("ボタン押されましたっ");
20:   }
21:
22:   public static void main(String[] args) {
23:     Sample4901 o = new Sample4901();
24:   }
25:
26:   private void outputMessage() {
27:     System.out.println("これで終わります");
28:   }
29:
30:   class MyWindowAdapter extends WindowAdapter {
31:     public void windowClosing(WindowEvent e) {
32:       outputMessage();
33:       System.exit(0);
```

```
34:      }
35:    }
36: }
```

　サンプルプログラムを実行して右上の「×」印のボタンを押してください。プログラムが終了するイベント処理にアダプタクラスを使用しているのは、第48講のときと同じです。30行目からは独自に宣言していたアダプタクラスを内部クラスとして宣言しています。とはいっても、第38講と比べて場所が変わっただけで宣言の内容そのものが変わったわけではありません。ただ、4行目にあるSample4901クラスの宣言でpublicが指定されています。内部クラスを宣言するならpublicを指定されていても、1ファイルに1クラスの宣言しか記述できないように限定されないのはこれでおわかりですね。

　また、26行目でSample3901クラスのメソッドとして、outputMessageメソッドが定義されています。このメソッドはprivateが指定されているので、本来は同じクラスのメソッドからしか呼び出せないはずです。

　しかし、内部クラスからはprivateが指定されていても呼び出すことができます。現に32行目でoutputMessageメソッドを呼び出していますね。このように内部クラスをうまく利用すると同じ処理をするときでも記述量をかなり減らすことができます。とくにSwingのコンポーネントを利用してイベント処理をするときには効果を発揮します。

　サンプルプログラムを実行するとウィンドウが表示されます。右上の「×」印のボタンを押すとイベント処理が始まりますが、この処理に内部クラスが使われています。結果としてoutputMessageメソッドを呼び出してコマンドプロンプトにメッセージを表示し、プログラムを終了します。

　そしてこのサンプルプログラムをコンパイルしたフォルダを見てください。「Sample4901$MyWindowAdapter.class」というクラスファイルが作られているはずです。内部クラスを宣言すると、内部クラスが存在するクラスの識別子と内部クラスの識別子を「$」ではさんだファイル名のクラスファイルが作られます。よって、自分で独自に宣言するクラスの識別子に、「$」を含めるのは混乱を避けるため、やめておいたほうがいいでしょう。

第49講

匿名希望の内部クラス

　内部クラスを利用する場合に、さらに省略して記述することもできます。これを**匿名クラス**（anonymous class）と呼びます。匿名クラスは内部クラスの一種ですが、クラス名を決めることを省略してしまいます。通常、クラスを利用するとインスタンスを生成するので new キーワードを利用しますが、その箇所で new キーワードを使ってインスタンスを生成します。

　いままで、new キーワードを利用するときには、どのクラスのインスタンスを生成するかを指定してきましたが、その箇所でクラス宣言をするので、クラス名を定める必要がなくなってしまいます。

　匿名クラスを宣言する方法については少し説明が必要です。new キーワードと組み合わせて以下のように記述します。

```
new 匿名クラスのスーパークラス名() {
    匿名クラスのフィールドやメソッドの宣言や定義
}
```

　それでは、さきほどの内部クラスを使ったサンプルプログラムを匿名クラスを使うように修正してみます。

リスト49-2

```
01: import javax.swing.*;
02: import java.awt.event.*;
03:
04: public class Sample4902 extends JFrame
05:     implements ActionListener {
06:   public Sample4902() {
07:     super("This is a test");
08:     setBounds(200,200,200,200);
09:     JPanel pnl = new JPanel();
10:     JButton btn = new JButton("このボタンを押して！");
11:     pnl.add(btn);
```

```
12:     getContentPane().add(pnl,"Center");
13:     addWindowListener(new WindowAdapter() {
14:       public void windowClosing(WindowEvent e) {
15:         outputMessage();
16:         System.exit(0);
17:       }
18:     });
19:     btn.addActionListener(this);
20:     setVisible(true);
21:   }
22:
23:   public void actionPerformed(ActionEvent e) {
24:     System.out.println("ボタン押されましたっ");
25:   }
26:
27:   public static void main(String[] args) {
28:     Sample4901 o = new Sample4901();
29:   }
30:
31:   private void outputMessage() {
32:     System.out.println("これで終わります");
33:   }
34: }
```

13行目のイベントリスナを登録するところでアダプタクラスのインスタンスを生成しますが、そのインスタンスに匿名クラスが使用されています。newキーワードの後に「WindowAdapter()」という記述がありますが、この匿名クラスのスーパークラスはWindowAdapterクラスであることを示しています。その後に匿名クラスの持つメソッドの定義が続きますが、これは通常のクラス宣言と同じで中カッコで囲んで記述します。

addWindowListenerメソッドの引数を指定するところで匿名クラスは宣言されています。中カッコを閉じた後に匿名クラスの宣言が終わりますが、小カッコを閉じるのとセミコロンを続けるのを忘れないでください。

匿名クラスを使用する用途は、アダプタクラスのインスタンスをイベントリスナに登録する場合がほとんどだと考えてもいいでしょう。内部クラスと匿名クラスは、ともにSwingコンポーネントを利用するプログラムを作成して、イベント処理を記述するときに威力を

第49講

発揮します。ぜひとも使いこなせるようにしてください。

最終講義
—あとがきにかえて

新しい世界への旅立ちに向けて

　ついに、第50講にたどり着いたということで、本講義もこれで最終講義です。最初の頃と比べていかがですか？　見当もつかなかったJavaについて、今では何となく道筋が見えてきたのではないでしょうか？

　今までの講義は主に概念と文法を中心に説明してきました。それが本書の狙いでありますので、正直なところ具体的な用途のプログラムを作成する講義は含まれておりません。皆さんのこれからの課題は、特定の目的を持った実践的なプログラムを作れるようになることだと思いますが、その際に本講義の内容はきっと役に立つはずです。

　本講義の内容を復習し、本書の範囲を超える内容を学習していく必要があります。そのためには付録の情報源を活用してください。

　最後のアドバイスになりますが、プログラムを読んで吟味する習慣は続けるようにしてください。これから先の学習は目的に合ったクラスライブラリを利用して、自分がしたいプログラミングをどのようにするかという点に重点が移ります。

　そのためにも、クラスライブラリのドキュメントを始めとする各種のリファレンス類に目を通すのを忘れないでください。大半の疑問点を解決する手がかりは、そういったドキュメントに記載されているものです。あるいは、インターネットの検索エンジンで情報を探すのも有効な手段です。

　本書で使用しているJavaはバージョン8です。このバージョンになると、当初より様々な文法が追加されています。ただし、Javaの文法の基礎を学ぶための文法事項はJ2SE 5.0より前のJava、つまりJ2SE 1.4までの範囲で十分だと考えます。これまでの項でそれを取り上げて参りました。ただ、J2SE 5.0で追加された新しい文法の中で特に有用だと思われる事項について6つの補講を追加しております。一通りの学習が終わったらチャレンジして頂ければと思います。

　それではこれからの鍛錬が、さらに実り多くなるようにご期待いたします。長い間本講義におつきあいしていただいたことを御礼申し上げます。お疲れさまでした。（了）

Autoboxing と Auto-Unboxing

補講 1

補講のまえに

　Java 8 より以前のバージョンである J2SE 5.0 では、クラスライブラリの拡張に加えて、文法自体の拡張もされました。これから始まる 6 つの補講では、特に文法事項の追加点について説明していきたいと思います。J2SE 5.0 で追加された新しい機能を説明するために、まずは既存のバージョンに存在していても、本講の方で説明していなかった機能について説明します。

　ここでいう既存のバージョンの JDK とは、J2SE 5.0 以前のバージョンのことです。つまり、JDK1.3 や JDK1.4 などが含まれます。これからの説明で既存のバージョンとか、既存の Java という表現があったら、そういうことだと理解しておいてください。

ラッパークラス

　これからいくつかのクラスの使い方について説明します。まず最初は、ラッパークラスと呼ばれるクラスです。このクラスは 8 つある基本型にそれぞれ対応した値を 1 つ保持するように作られています。ラッパークラスには多くのフィールドやメソッドが用意されていて、多岐にわたる機能を提供してくれます。ですが、ここではそれらの機能の多くについて説明することは割愛しますので、興味のある方は JDK の API リファレンスを参照してください。

表1-1

基本型	ラッパークラス名	説明
byte	Byte	byte 値をラップしてオブジェクトとして保持します。
short	Short	short 値をラップしてオブジェクトとして保持します。
int	Integer	integer 値をラップしてオブジェクトとして保持します。
long	Long	long 値をラップしてオブジェクトとして保持します。
char	Character	character 値をラップしてオブジェクトとして保持します。

補講 1

基本型	ラッパークラス名	説明
float	Float	float 値をラップしてオブジェクトとして保持します。
double	Double	double 値をラップしてオブジェクトとして保持します。
boolean	Boolean	boolean 値をラップしてオブジェクトとして保持します。

　これらのラッパークラスは、対応する基本型の値をフィールドとして持つほかに、定数としてそれぞれの型における最大値や最小値などが定義されています。

　さらに、その持っている基本型の値に対して処理を行うメソッドが多数用意されています。

　このようなクラスがわざわざ用意されているのにはきちんとした理由があります。また、これらのクラスは java.lang パッケージに属していますので、非常に基本的なクラスであると考えることができます。

コレクションクラス - 後から要素を追加できる配列

　ラッパークラスはいろいろな場面で利用されますが、文法的な新機能を説明するのがこの補講の目的ですので、なるべく無駄のないように話を進めていきましょう。

　従来の JDK からコレクションクラスと呼ばれるクラスが java.util パッケージに用意されています。コレクションクラスは可変長の配列を提供するためのものです。

　可変長の配列について説明します。第 23 構で説明した配列は使用する段階であらかじめその配列の要素数を決めておかなければいけませんでした。

```
int[] ai = new int[3];
ai[0] = 10;
```

　この場合、配列 ai の要素数は 3 であり、添字（インデックス）は 0 から 2 の間の値が許されることになります。ただし、次の場合でも可変長の配列であるとはいえません（下記のプログラムは一部に過ぎませんが、仮にテストプログラムを作ってみてコンパイルすることができます）。

```
int count = 5:
int[] ai = new int[count];
ai[0] = 10;
```

たとえ要素数を指定する個所が変数であったとしても変わりません。可変長の配列とは、プログラムの実行の過程でその配列が保持している要素数を変更できるようになっている配列のことです。つまり、後から要素を追加したり、削除したりすることができるのです。

Vector クラス

コレクションクラスにおいても多くの種類のクラスが用意されていますが、今回はVector クラスで説明します。このクラスでは先ほど述べたように、要素を自由に追加挿入、削除することができます。次のサンプルプログラムを見てください。

リスト1-1

```
01: import java.util.*;
02:
03: public class Sample5101 {
04:    public static void main(String[] args) {
05:       Vector v = new Vector();
06:       for(int i = 0; i < 5; i++) {
07:          v.add(new Integer(i));
08:       }
09:       v.remove(new Integer(3));
10:       v.insertElementAt(new Integer(7),1);
11:       for(int i = 0; i < v.size(); i++) {
12:          Integer a = (Integer)v.get(i);
13:          System.out.println(a.intValue());
14:       }
15:    }
16:
17: }
```

補講1

　Vector クラスは原則的にはあらかじめ配列の要素数を指定する必要はありません。Vector クラスのオブジェクト参照である v に対して、最初の for 文では add メソッドを用いて配列の要素を追加しています。そのときのポイントですが、add メソッドの引数は追加する内容になりますが、必ずオブジェクト参照でなければなりません。int 型などの基本型ではいけません。でも、この場合は単純に整数値を追加しようとしています。そんなときのためにラッパークラスが用意されているのです。

　int 型に対応しているラッパークラスは Integer クラスです。そのコンストラクタはいくつかオーバーロードされているものがありますが、今回は単純に int 型を取るコンスタラクタを用いて Integer クラスのオブジェクトを生成させています。

　この for 文が実行し終ると、変数 v は、

```
0 1 2 3 4
```

という内容の配列となります。保持している要素はそれぞれ Integer クラスのオブジェクト参照ですが、正確には自動的にキャストされて Object クラスのオブジェクト参照です。すべてのクラスのスーパークラスは Object クラスであることを思い出してください。

　次の for 文では変数 v の内容を表示させています。変数 v が持っている要素の数は、調べてみないとわかりませんので（だからこそ可変長と言えるのです）、size メソッドが用意されています。これで変数 v の持っている要素の数だけループが行われて、その内容が表示されます。このときのポイントは変数 v から要素の値を取り出すところです。get メソッドでインデックスを指定していますが、このとき返されるのは、Object クラスのオブジェクト参照です。もともとは Integer クラスであったわけですからキャストをする必要があります。これを怠ると、コンパイル時ではなく実行時に例外としてエラーになるので、少々やっかいですから注意してください。それから、Integer クラスの持つ整数値を int 型の基本型として得るために、intValue メソッドを利用します。

　次に remove メソッドで先頭から数えて 3 のインデックスを持つ要素を削除します。つまり、先頭の要素なら 0 を指定します。これで、v は、

```
0 1 2 4
```

となります。

　それから、次の行では1のインデックスに要素を追加します。追加する内容は、7の整数値を持つIntegerクラスのオブジェクトです。これでvは、

```
0 7 1 2 4
```

となります。

　このサンプルプログラムをコンパイルしますと、

```
注: Sample5101.java の操作は、未チェックまたは安全ではありません。
注: 詳細については、-Xlint:unchecked オプションを指定して再コンパイルしてください。
```

という警告が表示されますが、今のところは気にしないでおいてください。

　実行結果は、

```
----------
0 1 2 3 4
----------
0 7 1 2 4
```

となります。

補講 1

Autoboxing、Auto-Unboxing による自動型変換

　ここまでは J2SE 5.0 以前のバージョンでの話です。これからお話しするのは、先ほどのサンプルプログラムを簡潔にする J2SE 5.0 で追加された機能についてです。

　その機能とは、Autoboxing、Auto-Unboxing と呼ばれています。簡単に説明すれば、基本型とラッパークラスとの変換を自動的に行います。そのため、先ほどのサンプルプログラムで考えると、Integer クラスを生成することも、Vector クラスから取り出すときのキャストも必要なくなります。

リスト1-2

```
01: import java.util.*;
02:
03: public class Sample5102 {
04:   public static void main(String[] args) {
05:     Vector v = new Vector();
06:     for(int i = 0; i < 5; i++) {
07:       v.add(i);
08:     }
09:     System.out.println("----------");
10:     for(int i = 0; i < v.size(); i++) {
11:       System.out.print(v.get(i) + " ");
12:     }
13:     v.remove(3);
14:     v.insertElementAt(7,1);
15:     System.out.println("\n----------");
16:     for(int i = 0; i < v.size(); i++) {
17:       System.out.print(v.get(i) + " ");
18:     }
19:   }
20: }
```

　Vector クラスに追加する個所は、

```
v.add(new Integer(i));
v.add(i);
```

となり、直接 int 型を指定できます。また、逆に Vector クラスから取り出すところは、

```
Integer a = (Integer)v.get(i);
System.out.println(a.intValue() + " ");
System.out.print(v.get(i) + " ");
```

となります。

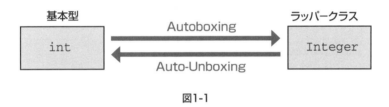

図1-1

Autoboxing、Auto-Unboxing の導入によって

　もともと Java は型に非常に厳格な言語でしたが、この機能はその厳格さをゆるめることにつながってしまっています。今回の拡張では、その厳格さを保持することと利便性とを天秤にかけた結果、Autoboxing、Auto-Unboxing の機能が追加されたと考えることができます。サンプルプログラムでは Vector クラスによるコレクションクラスの例をあげましたが、Autoboxing、Auto-Unboxing による利便性を実感していただけるでしょう。

補講2 拡張された for 文

Iterator インターフェイスによる繰り返し処理

　今回も、まずは J2SE 5.0 以前でも利用できるクラスについて紹介します。
　基本的に Vector クラスは、プログラムの実行内部で要素数をいくらでも変更することができます。そのため、ある時点での要素数については size メソッドで確認する必要がありました。
　前の補講のサンプルでは結局のところ、その時点で保持している要素をあるだけ順番に表示するという処理を for 文で処理していました。そういったケースに対応するクラスとしてこれもまた java.util パッケージに Iterator インターフェイスが用意されています。

リスト2-1

```
01: import java.util.*;
02:
03: public class Sample5201 {
04:     public static void main(String[] args) {
05:         Vector v = new Vector();
06:         for(int i = 0; i < 5; i++) {
07:             v.add(i);
08:         }
09:         System.out.println("----------");
10:         for(int i = 0; i < v.size(); i++) {
11:             System.out.print(v.get(i) + " ");
12:         }
13:         v.remove(3);
14:         v.insertElementAt(7,1);
15:         System.out.println("\n----------");
16:         Iterator it = v.iterator();
17:         while(it.hasNext()) {
18:             System.out.print(it.next() + " ");
19:         }
```

```
20:     }
21: }
```

　最後の箇所で Iterator インターフェイスを利用しています。まず、変数 v に対して iterator メソッドを実行し、Iterator インターフェイスを得て変数 it に代入しています。

　hasNext メソッドは、繰り返しを反復するのに要素が残っていれば true を返します。Vector クラスの配列に要素が存在している限り、最初の hasNext メソッドの呼び出しは必ず true になるはずです。つまり、while 文内部の処理が実行されます。次に next メソッドを呼び出していますが、このメソッドは順番に Vector クラスのオブジェクトが持つ要素を取り出していきます。最初に呼ばれたときには先頭の要素、2 回目に呼ばれたときには次の要素といった具合です。そして、最後の要素が取り出されてから再び hasNext メソッドが呼ばれると、もう取り出せる要素がない、ということで false が返されます。よって、これで while 文によるループは終了となります。ただ、for 文を使った場合とどちらがスマートかは人によって感想が違うかもしれません。

　そして、Iterator インターフェイスは、クラスではなくてインターフェイスになっています。結局のところ、Iterator インターフェイスが持つ hasNext メソッドと next メソッドは、実際にはオーバーライドされたメソッドによって処理されます。この場合は、Vector クラスのオブジェクトとして存在する配列に対して、適切にオーバーライドされたメソッドが用意されており、呼び出されるのです。ただし、それはあまり意識しないでも済むことです。興味のある方はコレクションクラスについて詳しく説明してあるサイトや書籍を参考にしてください。

新しい繰り返しの手法

　続いて J2SE 5.0 で追加された機能を説明します。この Iterator インターフェイスを使った方法はご覧のとおりですが、要素を順番に取り出すのには便利（とは思わない方もいますが）ですが、若干の記述が必要です。それを簡略化するために追加されたのが、拡張 for 文です。

補講2

```
for( 繰り返し処理内部で処理を行うために利用する変数 : 対象となるコレクションクラス
のオブジェクト参照や配列 ) {
        繰り返し処理の本体
}
```

実際の例として、先ほどのサンプルプログラムをさらに書き換えてみましょう。

リスト2-2

```
01: import java.util.*;
02:
03: public class Sample5202 {
04:   public static void main(String[] args) {
05:     Vector<Integer> v = new Vector();
06:     for(int i = 0; i < 5; i++) {
07:       v.add(i);
08:     }
09:     System.out.println("----------");
10:     for(int i = 0; i < v.size(); i++) {
11:       System.out.print(v.get(i) + " ");
12:     }
13:     v.remove(3);
14:     v.insertElementAt(7,1);
15:     System.out.println("\n----------");
16:     for(Object o : v) {
17:       System.out.print(o + " ");
18:     }
19:   }
20: }
```

```
Iterator it = v.iterator();
  while(it.hasNext()) {
  System.out.print(it.next() + " ");
}
```

が

```
for(Object o : v) {
  System.out.print(o + " ");
}
```

になっています。

　拡張 for 文のカッコ内の最初のところは、コレクションクラスを対象にした繰り返しの場合、通例 Object クラスの変数を指定します。その理由は前の補講でも説明しましたが、Vector クラスが配列として保持するのは Object クラスのオブジェクト参照であるからです。拡張 for 文で繰り返し処理ができるのはコレクションクラスだけではありません。通常の配列でも行うことができます。その例は、補講 6 を参照してください。

　ところで、拡張 for 文の場合に注意が必要なのは、セミコロン（;）ではなくコロン（:）で次を区切る点です。コロン（:）に続けて、繰り返して取り出したいコレクションクラスのオブジェクトや配列を指定します。このサンプルプログラムの場合は Vector クラスの変数 v となります。

　Iterator インターフェイスを利用すると、ちょっと面倒そうにも見えますが、拡張 for 文を使えばかなり簡潔に記述することができます。Visual Basic や C# などさまざまな言語でこの拡張 for 文に該当する機能が用意されています。

補講 3

Generics による処理

そういえば気になるコンパイル時の警告

ところで、いままでのサンプルプログラムをコンパイルするたびに、

```
注: Sample5202.java の操作は、未チェックまたは安全ではありません。
注: 詳細については、-Xlint:unchecked オプションを指定して再コンパイルしてください。
```

という警告が表示されていました。警告ですのでコンパイル結果を実行することはできますから、無視してしまえばそれまでですが、やはり気になるところですので、この警告の種明かしをします。

まず、警告に従って -Xlint:unchecked オプションとやらを指定してコンパイルしてみます。このオプションは、より詳しく警告の内容を表示するように指定するためのものです。

```
javac -Xlint:unchecked Sample5202.java

Sample5202.java:7: 警告: [unchecked] raw 型 java.util.Vector のメンバとしての add(E) への無検査呼び出しです。
                v.add(i);
                 ^
Sample5202.java:14: 警告: [unchecked] raw 型 java.util.Vector のメンバとしての insertElementAt(E,int) への無検査呼び出しです。
                v.insertElementAt(7,1);
                                 ^
警告 2 個
```

この警告の意味ですが、Vector クラスは、結局のところ Object クラスの配列なので、どんなクラスでも add メソッドを使って追加することができてしまいます。

リスト3-1

```
01: import java.util.*;
02:
03: public class Sample5301 {
04:   public static void main(String[] args) {
05:     Vector v = new Vector();
06:     v.add(20);
07:     v.add(20.0);
08:     v.add(20.0f);
09:     v.add("２０");
10:     for(Object o : v) {
11:       System.out.print(o + " ");
12:     }
13:   }
14: }
```

このサンプルプログラムの実行結果は、

```
20 20.0 20.0 ２０
```

例の警告はそれを危惧したものです。わざと、いろいろなクラスのオブジェクトをVectorクラスのオブジェクトに追加したいケースもあるかもしれませんが、問題となってくるのは、追加した要素を取り出すときに適切にキャストを行わないといけない点です。それを避ける対策としてはメソッドのオーバーライドを利用するという方法が考えられますが、むしろひとつの配列には同じタイプのデータが格納されるべきである、と考えるほうが自然といえます。そのために、J2SE 5.0では文法事項が拡張されました。

補講 3

格納するもの指定つきの Vector クラス

今回は説明の前にさっそくサンプルプログラムを見てみましょう。

リスト3-2

```
01: import java.util.*;
02:
03: public class Sample5302 {
04:   public static void main(String[] args) {
05:     Vector<Integer> v = new Vector<Integer>();
06:     for(int i = 0; i < 5; i++) {
07:       v.add(i);
08:     }
09:     System.out.println("----------");
10:     for(int i = 0; i < v.size(); i++) {
11:       System.out.print(v.get(i) + " ");
12:     }
13:     v.remove(3);
14:     v.insertElementAt(7,1);
15:     System.out.println("\n----------");
16:     for(Object o : v) {
17:       System.out.print(o + " ");
18:     }
19:   }
20: }
```

```
Vector<Integer> v = new Vector<Integer>();
```

の箇所が変更点です。つまり、オブジェクト参照の変数を宣言するのに、

クラス名<パラメータ>

とします。

　パラメータにあたる部分は、クラスかインターフェイスしか指定できません。つまり基本型は許されません。

　そして、

```
Vector<Integer> v = new Vector<Integer>();
```

とすることによって、変数 v は、Integer クラスのオブジェクトを格納する専用の Vector クラスのオブジェクトとして機能することになります。

　ためしに、このサンプルプログラムをコンパイルしてみると、

```
C:\addjava>javac Sample5302.java

C:\addjava>
```

警告がきれいになくなってしまいました。ちなみに実行結果にも変化は見られません。

```
----------
0 1 2 3 4
----------
0 7 1 2 4
```

Generics の導入

　さて、クラスにパラメータを指定するこの文法拡張を Generics と呼びますが、本来は Vector クラスなどのコレクションクラスのためにあるものではありません。この機能は C++ 言語のテンプレート機能を強く意識して追加されたものです。ほんとうは奥の深いものですが、本補講ではその概略だけを説明したいと思います。

補講3

　Genericsの機能とは、任意の型を持つクラスと任意の型をもつメソッドを簡潔に記述するためのものです。
　サンプルプログラムSample5301クラスは任意の型を持つクラスによるものですが、先に任意の型を持つメソッドから説明した方がスムーズなので、そちらから説明しましょう。

オーバーロードすればいいのですが…

　ありがちな例ですが、ふたつの整数の値を交換するメソッドを考えてみます。

リスト3-3

```
01: public class Sample5303 {
02:    static void printSwap(Integer a,Integer b) {
03:       Integer c = null;
04:       c = a;
05:       a = b;
06:       b = c;
07:       System.out.println(a);
08:       System.out.println(b);
09:    }
10:    public static void main(String[] args) {
11:       Integer a = 10;
12:       Integer b = 20;
13:       printSwap(a,b);
14:    }
15: }
```

　実行結果は、

```
20
10
```

です。余談ですが、このサンプルプログラム内でもAutoboxing、Auto-Unboxingが利用さ

れています。どこで登場しているかは考えてみてください。

ところで、CやC++言語ですと交換した値をメソッド（関数）の呼び出し側に戻すことができるのですが、Javaではそれができません。それで、先ほどのサンプルプログラムではお茶を濁して、交換した値を表示するようにしています。なぜJavaではできないかというと、メソッドの引数は常に値渡しであり、メソッド内で引数を変更してもそれをメソッドの呼び出し元に反映させる手段がないからです。

これは重要なポイントですので、簡潔な例で説明します。

リスト3-4

```
01: public class Sample5304 {
02:   static void clear(int x,int y) {
03:     x = 0;
04:     y = 0;
05:   }
06:   public static void main(String[] args) {
07:     int a = 10;
08:     int b = 20;
09:     clear(a,b);
10:     System.out.println(a);
11:     System.out.println(b);
12:   }
13: }
```

実行結果は、

0
0

ではなくて、

補講 3

```
10
20
```

となります。引数は呼び出したメソッドに対してコピーして渡されますので、呼び出し元で使用している変数には何の影響も与えません。

さて、話を元に戻しますが、同様の処理を今度はdouble型でも行いたいとします。だとすれば、メソッドのオーバーロードをすればよいでしょう。

リスト3-5

```java
01: public class Sample5305 {
02:     static void printSwap(Integer a,Integer b) {
03:         Integer c = null;
04:         c = a;
05:         a = b;
06:         b = c;
07:         System.out.println(a);
08:         System.out.println(b);
09:     }
10:     static void printSwap(Double a,Double b) {
11:         Double c = null;
12:         c = a;
13:         a = b;
14:         b = c;
15:         System.out.println(a);
16:         System.out.println(b);
17:     }
18:     public static void main(String[] args) {
19:         Integer a = 10;
20:         Integer b = 20;
21:         Double c = 2.5;
22:         Double d = 3.14;
23:         printSwap(a,b);
24:         printSwap(c,d);
25:     }
26: }
```

実行結果は、

```
20
10
3.14
2.5
```

です。これでラッパークラスの 2 つに対するメソッドは作成しました。ですが、残り 6 つも作って欲しいと言われたら正直言って、「めんどくさいよ！」と思うでしょう。そこで、Generics の登場です。

メソッドに対する Generics

(アクセス指定)　(**static**)　< パラメータ名 >　戻り値の型　メソッド名 (引数の指定)
↑両者は指定されない可能性もある

今回も詳しい説明の前に、サンプルプログラムをご覧ください。

リスト3-6

```
01: public class Sample5306 {
02:   static <T> void printSwap(T a,T b) {
03:     T c = null;
04:     c = a;
05:     a = b;
06:     b = c;
07:     System.out.println(a);
08:     System.out.println(b);
09:   }
10:   public static void main(String[] args) {
11:     Integer a = 10;
12:     Integer b = 20;
13:     Double c = 2.5;
```

補講3

```
14:      Double d = 3.14;
15:      Float e = 1.1f;
16:      Float f = 2.2f;
17:      printSwap(a,b);
18:      printSwap(c,d);
19:      printSwap(e,f);
20:    }
21: }
```

実行結果は、

```
20
10
3.14
2.5
2.2
1.1
```

です。printSwap メソッドの定義が1つしかないのがポイントです。また、そのメソッドでは、戻り値の型指定の前にパラメータ名を＜＞で囲んで指定します。このパラメータ名は変数名の一種と考えてよいのですが、慣習としては大文字のアルファベット1文字にすることが多いです。今回「T」になっているのは、前にも説明したとおり、Generics の機能が C++ 言語のテンプレートの影響を受けているからです。「Template」なので、「T」というわけです。

メソッドに対する Generics の動作

パラメータ名を使った引数は、実際の型を特定せずにメソッド内で処理を記述することができます。そのため、新しい printSwap メソッド内部では、

```
static <T> void printSwap(T a,T b) {
  T c = null;
  c = a;
  a = b;
  b = c;
  System.out.println(a);
  System.out.println(b);
}
```

となっていますが、このメソッドで行われていることは、

> どんな型かわからないけど、ローカル変数 c を宣言して null で初期化します。
> その変数 c にどんな型かわからない変数 a を代入します。
> どんな型かわからない変数 a に、どんな型かわからない変数 c を代入します。
> どんな型かわからない変数 b にどんな型かわからない変数 c を代入します。
> どんな型かわからない変数 a の値を表示します。
> どんな型かわからない変数 b の値を表示します。

です。そして、コンパイラは、実際に printSwap メソッドを利用している箇所

```
printSwap(a,b);
printSwap(c,d);
printSwap(e,f);
```

を見つけると、その引数を基にどのような型かを判別して、必要に応じて複数の printSwap メソッドを用意します。今回のサンプルプログラムでは、3つです。そして、そのあたりの処理は自動的にコンパイラが行います。ただし、このサンプルプログラムで注意する点は、実際に printSwap メソッドを使うときの引数には println メソッドが対応している（オーバーロードされて用意されている）必要があるということです。

このように、Generics の機能によって、処理の方法（アルゴリズム）は一緒でも扱われ

補講3

る型がいくつもあるようなケースでの処理を簡潔にすることができます。

クラスに対する Generics

続いて、クラスに対する Generics の機能について説明します。

Generics の機能とは、どのような型かわからないフィールドを持つクラスを作成するということです。

前のサンプルでは、結局値の交換をメソッドの呼び出し元に戻せませんでしたが、Swap のためのクラスを作成すれば可能になります。今回のプログラムは2つのクラスに分れていますが、便宜的に1つのファイルにまとめてあります。だから、復習になりますが、Swap クラスには public の指定がなされていません。その理由を忘れてしまった人は、本講義の方で解説してありますので確認してください。

リスト3-7

```
01: class Swap {
02:    Integer a;
03:    Integer b;
04:    Swap(Integer x,Integer y) {
05:      a = x;
06:      b = y;
07:    }
08:    void print() {
09:      System.out.println(a);
10:      System.out.println(b);
11:    }
12:    void swap() {
13:      Integer c = null;
14:      c = a;
15:      a = b;
16:      b = c;
17:    }
18: }
19:
20: public class Sample5307 {
```

```
21:    public static void main(String[] args) {
22:      Swap sw = new Swap(10,20);
23:      sw.swap();
24:      sw.print();
25:    }
26: }
```

これをまた、Double 型でもということになると、複数の Swap クラスを作成しなくてはいけません。しかもクラス名は一緒にはできません。そこで Generics を使えば解決します。

(アクセス制限)**class** クラス名 < パラメータ名 >
↑指定されない可能性もある

Generics を使ったクラスを作る

今回のサンプルプログラムも 2 つのクラスに分れます。GeneSwap クラスが Generics を使ったクラスになります。

リスト3-8

```
01: class GeneSwap<T> {
02:    T a;
03:    T b;
04:    GeneSwap(T x,T y) {
05:      a = x;
06:      b = y;
07:    }
08:    void print() {
09:      System.out.println(a);
10:      System.out.println(b);
11:    }
12:    void swap() {
13:      T c = null;
```

補講3

```
14:       c = a;
15:       a = b;
16:       b = c;
17:    }
18: }
19:
20: public class Sample5308 {
21:    public static void main(String[] args) {
22:       GeneSwap<Integer> sw1 = new GeneSwap<Integer>(10,20);
23:       sw1.swap();
24:       sw1.print();
25:       GeneSwap<Double> sw2 = new GeneSwap<Double>(2.5,3.14);
26:       sw2.swap();
27:       sw2.print();
28:       GeneSwap<Float> sw3 = new GeneSwap<Float>(1.1f,2.2f);
29:       sw3.swap();
30:       sw3.print();
31:    }
32: }
```

メソッドに対する Generics と同様に、パラメータ名によって、フィールドの型がわからなくても、インスタンスメソッド内部の処理を記述できます。そして同様に、このサンプルプログラムでは、

```
GeneSwap<Integer>
GeneSwap<Double>
GeneSwap<Float>
```

の3つのクラスのオブジェクトが生成されますので、コンパイラはそれぞれをチェックして対応します。

ご覧のとおり、実行結果は Sample5307 クラスとまったく同一になります。

```
20
10
3.14
2.5
2.2
1.1
```

Generics 導入の意義

　Generics は、クラスに対してもメソッドに対しても、処理の記述にプログラミングを集中できるようにするために追加された機能です。また、Vector クラスなどのコレクションクラスで保持するオブジェクトのあいまいさを防ぐことにも貢献しています。

　J2SE 5.0 では、Generics に対応した Vector クラスが追加されて設計されています。既に用意された Generics を活用したクラスを利用しても、自分で効率的にクラスを設計しても、その恩恵を実感できる機会がきっとあるでしょう。

補講4 Enumによる定数表現

switch文におけるちょっとした悩み

　いくつかのケースがあって、それに応じて条件分岐を行うにはswitch文を利用するのが便利です。次の簡単なサンプルプログラムをご覧ください。

リスト4-1

```
01: public class Sample5401 {
02:    final static int BLUE = 1;
03:    final static int YELLOW = 2;
04:    final static int RED = 3;
05:
06:    public static void alert(int i) {
07:      switch(i) {
08:      case BLUE:
09:      System.out.println("青です");
10:      break;
11:      case YELLOW:
12:      System.out.println("黄です");
13:      break;
14:      case RED:
15:      System.out.println("赤です");
16:      break;
17:      default:
18:      System.out.println("???");
19:      }
20:    }
21:    public static void main(String[] args) {
22:      int i = YELLOW;
23:      alert(i);
24:      i = 3;
25:      alert(i);
26:      i = -1;
```

```
27:        alert(i);
28:    }
29: }
```

信号機の色に合わせて 3 つの色を識別してその色名を表示するというプログラムですが、青、黄、赤、それぞれに識別のための色番号として 1、2、3 を割り当てています。ここで 3 つほど問題があります。

(1) 色番号として定数（final static int）でいちいち宣言するのが面倒。
(2) それぞれの色に割り当てられている番号を直接指定することもできるので、定数を用意している意味が薄れる。かといって、定数を用意しなければそれはそれで混乱する。
(3) 用意していない値（例だと −1）に対する対策が必要。

Enum の導入

こういった問題に対して、C 言語や C++ 言語では Enum という機能が用意されています。Enum とは、enumeration の略で列挙という意味です。J2SE 5.0 では、この Enum が利用できるようになりました。

(アクセス指定)enum 列挙名 { 定数名 1, 定数名 2, 定数名 3, ..., 定数名 N}
↑指定されない可能性もある

それでは先ほどのサンプルプログラムを Enum を使って書き換えてみます。

リスト4-2

```
01: public class Sample5402 {
02:    enum SIGNAL {BLUE,YELLOW,RED};
03:
```

補講 4

```
04:    public static void alert(SIGNAL i) {
05:       switch(i) {
06:       case BLUE:
07:          System.out.println("青です");
08:          break;
09:       case YELLOW:
10:          System.out.println("黄です");
11:          break;
12:       case RED:
13:          System.out.println("赤です");
14:          break;
15:       default:
16:          System.out.println("???");
17:       }
18:    }
19:    public static void main(String[] args) {
20:       SIGNAL i = SIGNAL.RED;
21:       alert(i);
22:       if(i == SIGNAL.RED) {
23:          System.out.println("よって通行禁止");
24:       }
25:    }
26:
27: }
```

実行結果は、次のとおりです。

```
赤です
よって通行禁止
```

　キーワードである enum を使用するために、列挙名を型のように扱って宣言を行っています。列挙名に続けてピリオドで定数名を指定するのが基本ですが、switch 文の中の case で指定する箇所では、列挙名は必要ありません。また、if 文で比較を行うこともできますが、この場合には列挙名の省略はできません。

Enum 導入のポイント

　Enumを使うポイントは、それぞれの定数名がどのような値（内部的な数値）を持つのかは隠蔽されていて、意識する必要がないという点にあります。人間にとって意味のある単語を基にした定数名を利用することが便利だという考えなのです。

補講5 スタティックなインポート

クラス変数、クラスメソッド利用のルール、今昔

J2SE 5.0 以前の世界で少しわずわらしく感じることに、クラス変数やクラスメソッドを利用するときに、その都度クラス名を指定しなければいけない点があります。また前の補講で登場した Enum においても同様です。

そこで J2SE 5.0 ではインポートをすることで、クラス名などを指定しなくてもよいようになりました。これまでの import 文ではパッケージ名を指定していましたが、この場合はパッケージ名に加えて定数名、クラスメソッド名、列挙名を指定します。この機能をスタティックインポートと呼びます。

```
import static パッケージ名.クラス名.定数名
import static パッケージ名.クラス名.クラスメソッド名
import static パッケージ名.クラス名.列挙名.定数名
```

クラス変数に対するスタティックなインポート

最初はクラス変数です。

リスト5-1

```
01: import static java.lang.Integer.MAX_VALUE;
02: public class Sample5501 {
03:   public static void main(String[] args) {
04:
05:     System.out.println(Integer.MAX_VALUE);
06:     System.out.println(MAX_VALUE);
07:   }
```

```
08: }
```

1行目の記述によってインポートされていますので、エラーになりません。
実行結果は次のとおりです。

```
2147483647
2147483647
```

クラスメソッドに対するスタティックなインポート

続いてクラスメソッドです。10の自然対数値を求めます。

リスト5-2

```
01: import static java.lang.Math.log;
02: public class Sample5502 {
03:   public static void main(String[] args) {
04:
05:     System.out.println(log(10));
06:   }
07: }
```

実行結果は次のとおりです。

```
2.302585092994046
```

補講5

Enum でも可能なスタティックなインポート

最後は Enum に対してのインポートです。enumtest パッケージに COLORS という名前のクラスを作成します。

リスト5-3

```
01: package enumtest;
02:
03: public class COLORS {
04:    enum SIGNAL {BLUE,YELLOW,RED};
05: }
```

Sample5503 ではこのクラスに存在する Enum をインポートするようにします。Enum そのものと、それぞれの定数の両方を冒頭の4行でインポートしています。

リスト5-4

```
01: import static enumtest.COLORS.SIGNAL;
02: import static enumtest.COLORS.SIGNAL.BLUE;
03: import static enumtest.COLORS.SIGNAL.YELLOW;
04: import static enumtest.COLORS.SIGNAL.RED;
05:
06: public class Sample5503 {
07:    public static void main(String[] args) {
08:       SIGNAL i = RED;
09:       if(i == RED) {
10:          System.out.println("よって通行禁止");
11:       }
12:    }
13: }
```

実行結果は、

> よって通行禁止

となります。記述を簡潔にできる点で、スタティックインポートは便利といえるでしょう。

可変長引数によるメソッド

補講 6

あえて C 言語のお話

　他の言語の話をするのは本意ではないのですが、C 言語に printf という関数（C や C++ 言語ではメソッドのことを関数と呼びます）があります。なぜこんな話をするかというと、Java でこの printf のほぼそのまま機能を実現できるメソッドが既存の JDK では用意されていなかったのです。後述しますが、似た機能を持つ MessageFormat クラスが用意されていますが、その使用感はかなり異なるものです。
次に示すのは printf を使った C 言語のプログラムの例の抜粋です。

```
int i = 7;
printf("iの値は%04dです",i);
```

　C 言語でも int 型は Java と同様に用意されています。そして、この部分の実行結果は、

```
iの値は0007です。
```

となります。「%04d」の部分は書式指定文字列と呼ばれ、変数の値を表示するときの体裁を指定します。この場合は整数値を 4 桁で表示し、もし 1000 に満たない値なら頭に「0」を補って表示します。
　さらに printf は複数の整数の値を表示することもできます。

```
int i = 7;
int j = 77;
printf("iの値は%04dで、jの値は%04dです",i,j);
```

引数の数が 3 つに増えています。実行結果は、

iの値は0007で、jの値は0077です

となります。興味深いのは、printf という関数は、書式文字列の内容に応じて必要な引数の数が変化するという点です。これは、Java におけるメソッドのオーバーロードとは性質が異なります。メソッドのオーバーロードでは、複数のメソッドが定義されることになりますが、C 言語の printf 関数の場合は、一番最初に指定された引数の文字列の中にある書式指定文字列（先ほどの例だと「%04d」のことです）の数に応じて必要な引数の数が決まります。このように定義される関数で用いられる引数を、C 言語では可変長引数と呼んでいます。

Java での一工夫

　Java 言語でも java.text パッケージに MessageFormat クラスの format メソッドがあり、C 言語の printf 関数と同じような機能を提供しています。ただし、可変長引数にあたる部分は Object クラスの配列を利用していて、format メソッド自体の引数の数は固定されています。なぜならば、J2SE 5.0 以前では可変長引数はサポートされていないからです。
　次に示すサンプルプログラムは MessageFormat クラスの format メソッドを使った例です。format メソッドについての説明は割愛しますので、JDK の API ドキュメントを参照してください。

リスト6-1

```
01: import java.text.MessageFormat;
02:
03: public class Sample5601 {
04:   public static void main(String args[]){
05:     Object[] argument = {123,65535,3.141592};
06:     String s = MessageFormat.format
07:       ("a={0} , b={1,number,#} , d={2,number,#.########}"
```

補講6

```
08:              ,argument);
09:     System.out.println(s);
10:   }
11: }
```

実行結果は、

```
a=123 , b=65535 , d=3.141592
```

となります。

　ここでちょっとクイズをだします。このサンプルプログラムでも Autoboxing と Auto-Unboxing が登場している場所があります。どこなのか考えてみてください。

可変長引数によるメソッドの定義

　もともと C や C++ 言語に慣れ親しんできた人にとって、Java で printf のように記述できないのはもどかしく感じることと思います。筆者もその一人なのですが、J2SE 5.0 ではその要望に応えて Java 言語でも可変長引数を使えるようになり、結果として printf メソッドも使えるようになりました。

　可変長引数を指定するには、メソッドの定義で「...」とピリオドを仮引数の型に続けます。

> アクセス指定　戻り値の型　メソッド名（仮引数の型 ... 仮引数名 ）；

　型と「...」の間にスペースがあってもなくてもどちらでもかまいません。普通の引数と可変長引数が混在した複数の引数を持つメソッドを定義できますが、可変長引数は必ず最後になければいけません。また、可変長引数が 1 つだけのメソッドも定義することができます。次のサンプルプログラムを参照してください。

可変長引数によるメソッド

リスト6-2

```
01: public class Sample5602 {
02:   static int sum(int... numbers) {
03:     System.out.println("和を計算する数は" +numbers.length + "個です");
04:     int sum = 0;
05:     for(int i : numbers)
06:       sum = sum + i;
07:     return sum;
08:   }
09:
10:   public static void main(String[ ] args) {
11:     int total = sum(1,2,3,4,5,6,7,8,9,10);
12:     System.out.println("合計は" + total);
13:   }
14: }
```

可変長引数として指定された numbers は、メソッド内部では int 型の配列として扱うことができます。また、補講第2講では触れませんでしたが、拡張 for 文は普通の配列に対しても使うことができます。この場合、仮引数 numbers の配列が持つ要素すべてを取り出して int 型の変数 i に代入し、要素の数だけループを行います。

ちなみに、MessageFormat クラスの format メソッドですが、J2SE 5.0 以前では、

```
static String format(String pattern, Object[] arguments)
```

という定義でしたが、現在の JDK では、

```
static String format(String pattern, Object... arguments)
```

と変わっています。ただし、呼び出す側の記述は見かけでは一緒になります。

補講6

printfメソッド

こうしてJ2SE 5.0で導入された可変長引数の機能によって、java.ioパッケージのPrintStreamクラスにprintfメソッドが使えます。

リスト6-3

```
01: public class Sample5603 {
02:   public static void main(String[ ] args) {
03:     int i = 7;
04:     int j = 77;
05:     System.out.printf("iの値は%04dで、jの値は%04dです",i,j);
06:   }
07: }
```

実行結果は、

```
iの値は0007で、jの値は0077です
```

となり、C言語と同様の記述形式で表示を行えます。このprintfメソッドのプロトタイプは、

```
public PrintStream printf(String format,Object... args);
```

となっていて可変長引数の型はObjectクラスのオブジェクト参照を取ります。それに対して、サンプルプログラムでは、可変長引数のところで、int型の変数である、iとjを指定しています。ですが、これはコンパイルエラーにはなりません。これもまたAutoboxingによって自動的にラッパークラスのオブジェクトに変換されているからです。

AutoboxingとAuto-Unboxingに関しては補講全般でしつこく言及していますが、その理由は、どこでAutoboxingとAuto-Unboxingが行われているのかを把握することで、プログラミングのスキルアップのうえで有益なトレーニングとなると、筆者は強く信じている

からです。

　話は戻りますが、前述のプロトタイプを見ればわかるとおり、可変長引数にあたる型はObjectクラスをとるようになっています。そのため、ラッパークラスを始めとした各種のクラスの表示形式を指定できるように、書式文字列の規則が決められています。サンプルプログラムでは書式文字列の例は1つしか使われていませんが、非常にさまざまな指定を行うことができます。残念ながら紙面の都合でそれについて詳しく説明することができません。C言語に親しんでいる人ならだいたい想像できるとは思いますが、詳細についてはJDKのAPIリファレンスを参考にするか、他の書籍をご覧ください。

補講の最後に

　最後になりますが、J2SE 5.0で他にも追加された機能がありますが、高度な前提知識を必要とするため本補講では触れていない機能がいくつかあります。その項目だけを列挙しておきますので、興味のある方は他の書籍やインターネットのサイトを参照して、修得できるようにチャレンジしてみてください。

- ・共変戻り値型（この機能により、戻り値の型が違っていても条件つきでオーバーライドが認められます）
- ・Genericsにおけるワイルドカードをはじめとする高度なGenericsの機能
- ・アノテーション
- ・メタデータ Concurrency Utilities（並列プログラミングのためのクラスライブラリ）
- ・その他の追加されたクラスライブラリ

　なお、Java 8においても各種の機能追加が行われていますが、本書では取り上げません。その筆頭となるのが「ラムダ式」という文法です。これは関数型プログラミングの概念を取り入れたものとなり、今後習得することで最近のトレンドを取り入れたプログラミングが可能となります。いずれチャレンジすれば新しい世界が開けると思います。

付録 学習の手助けとなる情報源

インターネットより

◆ 本書サポートページ

http://www.daikichi.net/books/lecture_java/
インストール方法の補足を始め、各種情報を提供します。

◆ Oracle Technology Network > Java

http://www.oracle.com/technetwork/java/index.html
米国オラクル社のJavaに関する公式ホームページ。英語ですが、情報は充実しています。

◆ Java Developer Connection

http://otn.oracle.co.jp/technology/global/jp/sdn/java/
日本語で読めるJava開発者向け技術情報です。

◆ The Java Language Specification

The Java Language Specification
Java言語の仕様を記述したドキュメントを載せています。まさにJavaのルールブックといえるでしょう。

◆ Java 言語規定

http://www.y-adagio.com/public/standards/tr_javalang/index.htm
(財)日本規格協会情報技術標準化研究センター(INSTAC)のマルチメディア／ハイパメディア調査研究委員会による上記のドキュメントの日本語訳を載せています。ただし、最新のJDKには対応しておらず、古いバージョンのものです。

◆ **Java Code Conventions**

http://www.oracle.com/technetwork/java/codeconventions-150003.pdf

Javaコーディング規約のドキュメントを載せています。英語です。

UMLについて

◆ **UML Home Page**

http://www.uml.org/

OMGによるUMLの公式ホームページ。

書籍

◆**増補改訂版　Java言語で学ぶデザインパターン入門**

結城浩著　ソフトバンクパブリッシング株式会社

ISBN 978-4797327038

本書を読み終えて、次に挑戦して欲しい書籍です。具体的なプログラミングに関する内容ではありませんが、プログラミングの本質を捉える目を養うのに必携です。

◆**独習UML 第4版**

長瀬嘉秀 監修

株式会社テクノロジックアート 著

橋本大輔 監修　株式会社翔泳社

ISBN 978-4798118543

UMLに関して本書で取り上げられなかったことも解説されています。日本語で読めるUMLの入門としてはお勧めの一書です。

◆**基礎からはじめるUML2.4**

長瀬嘉秀 監修

株式会社テクノロジックアート 著

ソーテック社
ISBN 978-4881669983
こちらの本のほうが初心者向けの構成となっています。

＊このほかにもたくさんの URL や書籍がありますが、紙面の都合で割愛させていただきます。サポートサイトでより充実した情報を掲載する予定です。

索 引

■数字・記号

1 の補数	72
10 進数	8, 79
16 進数	9, 79
2 項演算子	78
2 進数	7, 71
2 の補数	71
8 進数	79
!	94
$	70, 269
%	77
&	94
&&	94
*	77
*=	77
+	77
++	77
+=	77
-	77
--	77
.	120
...	310
/	77
/=	77, 87
<	87
<< >>	30
<=	87
=	73
==	87
>	87
>=	87
¥	85
^	94
{	52
|	94
||	94
}	52

■A

abstract	177
abstract class	41
abstract operation	460
Abstract Window Toolkit	249
access control	110
activity	88
activity diagram	88
actual parameter	126
adapter class	262
aggregation	26
anonymous class	270
applet	48
argument	123
arithmetic operator	77
array	117
assignment	73
assignment operator	73
association	23
attribute	17
Auto-Unboxing	280
Autoboxing	280
AWT	249

■B

binary number	7
binary operator	78
block	89
boolean	71, 94
break	97, 106
buffering	228
byte	71

■C

cast operator	80
catch	201
char	71, 85

character code	83
character literal	85
Character User Interface	249
class	19
class declaration	109
class diagram	20
class library	157
class method	142
class variable	139
classpath	198
comment	149
compiler	14
component	249
composition	27
condition	87
conditional execution	87
conditional operator	95
constants	147
constructor	129
container	266
continue	106
CUI	249
current directory	198

■ D

default	97
default constructor	131
do 〜 while	103
double	71, 80

■ E

else	89
emulation	14
encapsulation	33
Enum	301
escape sequence	86
event	257
event listener	258
event listener interface	259
event method	259
event source	257
exception	200
exclusive access control	246
exponent	72
expression	77
extend	30
extends	154
extension point	31

■ F

false	87
field	109
file close	233, 236
file open	232
final	147, 169
finally	202
float	71
floating point	72
flush	236
for	98

■ G

garbage collection	146
generalization	38
Generics	289, 293, 296
Graphical User Interface	249
GUI	249

■ H

has-a	37
hexadecimal number	9
high-level language	13

■ I

identifier	69
if	89
implementation	181
implements	181
import	191
import static	304
include	30
indent	90
index	117
infinite loop	107
inheritance	36
initialization	74

inner class 267
input/output 227
instance 19
instance method 141
instance variable 138
int 71, 79
interface 180
interpreter 14
I/O 227
is-a 37
Iterator 282

■ J

Java 15, 50, 193
Java Byte Code 49
Java Compiler 49
Java Development Kit 48
Java Virtual Machine 49
javac 64, 68
JavaVM 49, 202
JDK 48, 198

■ K

keyword 70

■ L

length 120
local variable 144
lock 248
logical operator 94
long 71, 79
loop statement 98
low-level language 13

■ M

machine language 12
main 109, 202, 243
message 35
method 109
modeling 17
modifier 110
multiplicity 25
multitasking 237

multithread 248

■ N

name space 188
nest 92
new 113, 118, 130, 213, 270
null 233
number literals 79

■ O

object 15
object diagram 21
object oriented 14
object reference 114
ones complement 72
operand 77
operation 17
operator 77
overload 133
override 174

■ P

package 188, 189
parameter 34, 125
polymorphism 43
prefix 80
printf 312
private 110, 177, 193
process 237
protected 110, 177, 193
public 110, 177, 193

■ Q

qualifier 26

■ R

reference type 120
relational operator 87
requirement definition 28
return 125, 127
role 24
round off error 72

■ S

- scope ... 145
- short ... 71
- signature ... 35
- specialization ... 38
- standard input ... 229
- standard output ... 229
- static ... 139, 147
- stream ... 227
- string literal ... 85
- sub class ... 36
- sub interface ... 185
- sub package ... 189
- suffix ... 80
- super ... 163, 165
- super class ... 36
- super interface ... 185
- Swing ... 249
- switch ... 96
- synchronized ... 247

■ T

- this ... 125, 137, 165
- thread ... 237
- throw ... 213
- throws ... 205
- true ... 87, 223
- try ... 201
- two's complement ... 71
- type ... 71

■ U

- UML ... 18, 194
- unary operator ... 78
- Unicode ... 71, 84
- Unified Modeling Language ... 18
- use case ... 28
- use case diagram ... 28

■ V

- variable ... 69
- Vector ... 277, 288
- visibility ... 39

- void ... 124, 129
- von Neumann computer ... 4

■ W

- while ... 103
- white space ... 73

■ あ

- アクセス制限 ... 110
- アクター ... 32
- アクティビティ ... 88
- アクティビティ図 ... 18, 88
- アダプタクラス ... 262
- アプレット ... 48
- イベント ... 257
- イベントソース ... 257
- イベントソースオブジェクト ... 261
- イベントリスナ ... 258
- イベントリスナインターフェイス ... 259
- インクリメント ... 77, 78, 100
- インスタンス ... 19, 113, 239
- インスタンス変数 ... 138, 145
- インスタンスメソッド ... 141
- インストール ... 53
- インターフェイス ... 180
- インタープリタ ... 14
- インデント ... 90, 152
- インポート ... 191
- エスケープシーケンス ... 86
- 演算子 ... 77
- オーバーライド ... 174, 261
- オーバーロード ... 133
- オブジェクト ... 15, 113, 114
- オブジェクト指向 ... 14, 15
- オブジェクト図 ... 18, 21
- オペランド ... 77

■ か

- 改行 ... 73
- 拡張 ... 30
- 拡張 for 文 ... 283
- 拡張点 ... 31

可視性	39, 125, 127, 145, 177, 193
型	71, 110
型変換	80
カプセル化	33
ガベージコレクション	146, 221
可変長引数	308
仮引数	125
関係演算子	87
関連	23
偽	87
キーワード	70
機械語	12, 13
キャスト演算子	80
ギルメット	30
クラス	19, 109, 111
クラス図	18, 20
クラスパス	195, 198
クラスファイル	109
クラス変数	139, 146
クラスメソッド	142
クラスライブラリ	157, 192, 216
繰り返し文	98
継承	36, 43, 154
限定子	26
高級言語	13, 14
コマンドライン引数	232
コメント	149
コレクションクラス	276
コンストラクタ	129, 161
コンテナ	266
コンパイラ	14
コンパイル	49
コンポーネント	249
コンポジション集約	27, 170

■さ

サフィックス	80
サブクラス	36, 161
サブパッケージ	189
算術演算子	77
参照型	120
式	77
識別子	69, 70, 111, 153, 188, 269
シグニチャ	35
指数	72
実行	197
実装	181
実引数	126
シャノンの定理	5
修飾子	110, 115, 177
集約	26, 170
条件	87
条件演算子	95
条件分岐	87
省略	22
初期化	74, 131, 140, 147
真	87
真偽値	71
数値	6
数値リテラル	79
スーパーインターフェイス	185
スーパークラス	36, 156, 183
スキップ	108
スコープ	145, 267
スタティックなインポート	304
ステートチャート図	18
ステレオタイプ	30
ストリーム	227
スペース	73, 152
スレッド	237
操作	17, 34
添字	117
属性	17, 34

■た

代入	73
代入演算子	73, 148
ダウンロード	53
多重度	25
多態性	43
単項演算子	78
抽象クラス	41, 177, 228, 241
抽象操作	46
抽象メソッド	181
ディレクトリ	198
低級言語	13, 14

定数	147, 181
デクリメント	77, 78
デフォルトコンストラクタ	131
ドキュメント	216
特化	38
匿名クラス	270
ドット	114, 126

■な

内部クラス	267
流れ図	88
名前空間	188
入出力	227
ネスト	92, 101
ノイマン型コンピュータ	4

■は

排他制御	246
バイトストリーム	227
配列	117
パス	62
パッケージ	188
バッファリング	228
パブリック	39, 40
パラメータ	34
汎化	38
番地	7, 13, 114
引数	123
標準出力	229
標準入力	229
ピリオド	189
ファイルオープン	232
ファイルクローズ	233
フィールド	109, 111, 131
フォルダ	189, 198
浮動小数点	72
負の値	71
プライベート	39
フラッシュ	236
プレフィックス	80
プログラミング言語	12
プログラム	13, 34
プロセス	237

ブロック	89, 145, 201
プロテクテッド	39, 40
変数	69
変数の宣言	73
包含	30
ポリモーフィズム	43, 174
ホワイトスペース	73

■ま

マルチスレッド	248
マルチタスキング	237
丸め誤差	72
無限ループ	107
命名規則	111
メソッド	109, 111, 123
メッセージ	35
メモリ	4, 5, 6, 7, 13, 114, 120, 244
文字コード	83
文字ストリーム	227
文字リテラル	85
文字列リテラル	85, 220
モデリング	17
戻り値	124, 125

■や

ユースケース	28
ユースケース図	28
ユニコード	84
要求定義	28

■ら

ラッパークラス	275
例外	200, 201
ローカル変数	144, 146
ロール	24
ロック	248
論理演算子	94

■ **著者プロフィール**

池田 成樹（いけだ・なるき） @ikedanaruki

1973年神奈川県生まれ。立教大学社会学部観光学科卒。
エンジニアとして企業に勤めるが、人生というものを意識しだして、やむにやまれず退職。ダイキチ・ドットネット有限会社を設立。社会人学生として、とある大学の夜間部で数学を学ぶ。だが、卒業は果たせず。コンピューティングの「極み」を追求する毎日。
NPO法人JASIPA理事、研修委員長（http://jasipa.jp）

主な著書

『Javaはじめの一歩』、『Delphiはじめの一歩』、『Unixはじめの一歩』（カットシステム 2003年）、『改訂版やさしいJava入門』、『Delphi 2005 プログラミングテクニック Vol.7』（カットシステム 2005年）『iPodでLinuxしたっていいじゃない』（カットシステム 2006年）、『Delphi 2005 プログラミングテクニック Vol.8』（カットシステム 2007年）、『Java GUI プログラミング Java SE 6 対応 Vol.I』（共著 カットシステム 2007年）、『Java GUI プログラミング Java SE 6 対応 Vol.II』（共著 カットシステム 2008年）、『OpenCL 並列プログラミング』（カットシステム 2010年）、『Twitter API リファレンスガイドブック』（カットシステム 2010年）、『OpenCL 詳説』（共訳 カットシステム 2011年）、『Javaはじめの一歩 Windows 8/7対応』（カットシステム 2014年）、『Scala テキスト基本文法編』（カットシステム 2015年）

やさしいJava入門 第3版
講義形式でじっくりマスター

2001年11月1日	初版第1刷発行
2005年1月11日	改訂第2版第1刷発行
2016年2月10日	改訂第3版第1刷発行

著 者	池田 成樹
発行人	石塚 勝敏
発 行	株式会社 カットシステム
	〒169-0073 東京都新宿区百人町4-9-7　新宿ユーエストビル8F
	TEL （03）5348-3850　　FAX （03）5348-3851
	URL　http://www.cutt.co.jp/
	振替　00130-6-17174
印 刷	シナノ書籍印刷 株式会社

本書に関するご意見、ご質問は小社出版部宛まで文書か、sales@cutt.co.jp 宛にe-mailでお送りください。電話によるお問い合わせはご遠慮ください。また、本書の内容を超えるご質問にはお答えできませんので、あらかじめご了承ください。

■ 本書の内容の一部あるいは全部を無断で複写複製（コピー・電子入力）することは、法律で認められた場合を除き、著作者および出版者の権利の侵害になりますので、その場合はあらかじめ小社あてに許諾をお求めください。

Cover design　Y.Yamaguchi　　　© 2015 池田成樹
Printed in Japan　ISBN978-4-87783-394-7